ADEGA PORTUGAL
GUIA DE VINHOS
2020

Publisher
Christian Burgos

Diretora de Operações
Christiane Burgos Miguez

Editor
Eduardo Milan

Produção e Revisão
Eduardo Milan e André Mendes

Projeto Gráfico
Ricardo Torquetto

Fotografias
Dollar Photo Club, rawpixel, Pixebay
e Divulgação Vinícolas

Impressão
Vox Editora e Gráfica

ADEGA Portugal - Guia de Vinnhos
2020 Produzido por

inner group

Rua Dr. Antônio João Abdalla, 72
São Paulo, SP - Brasil - 04696-210
Tel: (11) 3876-8200

info@innereditora.com.br

Vinhedos da Duorum, às margens do Douro

SUMÁRIO

Vinhas centenárias da
Tapada do Chaves, no Alentejo

EDITORIAL

Por novos mares

ESTAMOS SEMPRE ATENTOS A NOVAS oportunidades de servir nossos leitores e contribuir para a difusão da cultura do vinho no Brasil. Este é um ano especial, em que comemoramos o 15º aniversário da revista ADEGA. E temos orgulho da posição de liderança que alcançamos nesse período. Hoje, somos a principal referência em vinhos no idioma português. São mais de 240 mil leitores mensais na internet, 50 mil na revista e 20 mil em nossos guias (números devidamente auditados). Há dez anos, publicamos anualmente dois guias de grande prestígio: DESCORCHADOS e Guia ADEGA VINHOS DO BRASIL. Para produzi-los, degustamos mais de 7.000 vinhos (por ano) de Argentina, Brasil, Chile e Uruguai. Agora, decidimos incluir Portugal nesse roteiro. E nem precisaria mencionar as muitas razões para isso, bastando lembrar da posição de destaque que Portugal ocupa entre os vinhos importados pelo Brasil. Nosso projeto inicial era ir a Portugal e degustar os vinhos do país in loco, mas o COVID frustou esse plano. Decidimos não voltar atrás e seguir em frente. Sob o comando de meu amigo, e agora sócio, Eduardo Milan -editor de vinhos da revista Adega e dos guias Descorchados e de Vinhos do Brasil - degustamos mais de 500 vinhos portugueses dos principais importadores do Brasil, com o objetivo de eleger os melhores do país e de cada uma de suas regiões emblemáticas. Cientes da crescente importância do enoturismo para quem se interessa por vinhos, incluímos também dicas para melhor aproveitar sua próxima viagem (que esperamos não tarde) a este paraíso vitivinícola, que tão bem recebe os brasileiros. Esta primeira edição nasce com ampla circulação no Brasil e com lançamento em Portugal. Estamos orgulhosos do resultado obtido, que corrobora a estratégia que sempre adotamos em nosso trabalho: arregaçar as mangas e seguir em frente, investindo com foco no longo prazo. Esperamos que esse esforço contribua para o reconhecimento de grandes vinhos e de seus criadores. Mas, que acima de tudo, ajude nossos leitores a ampliar seu repertório e a navegar com segurança e informação confiável pelos fascinantes mares do vinho português.

Saúde!

Christian Burgos
Publisher

Primeira década

O TEMPO PASSA MUITO RÁPIDO. Parece que foi ontem que recebi o convite do Arnaldo Grizzo para participar de uma degustação da revista ADEGA em 2010. De lá para cá, a advocacia virou hobby, o vinho profissão, mas a paixão por degustar e explorar esse mundo fascinante segue sendo a mesma do início.

Foi com esse espírito, que aceitei mais um desafio proposto por Christian Burgos. O de juntos elaborarmos um novo guia, utilizando toda nossa experiência de 10 anos na produção do Guia ADEGA de Vinhos do Brasil e do Descorchados.

Surge assim esse **Guia de Vinhos ADEGA Portugal**. Nessa primeira edição, confirmamos que os vinhos portugueses são muito consistentes, e ainda oferecem uma ótima relação entre preço e qualidade em todas as faixas quando comparados a outros países europeus. Além disso, possuem uma diversidade de castas autóctones pouco encontrada mundo afora e que deve ser conhecida por todos os amantes da bebida de Baco.

Agradeço ao Christian por idealizar e viabilizar essa viagem pelos vinhos portugueses. Ao André Mendes pelo trabalho cuidadoso e pela valiosa contribuição durante as degustações, ao Ricardo Torquetto, editor de arte, por ter colocado ideias no papel com o brilho de sempre e a toda a equipe da Inner Editora, que de uma forma ou de outra, contribuiu para esse projeto se tornar realidade.

Eduardo Milan
Editor

PREMIADOS
DE PORTUGAL
MELHORES DO DOURO
94 ADEGA PONTOS
93 ADEGA PONTOS
92 ADEGA PONTOS
91 ADEGA PONTOS
HERDADE DE SÃO MIGUEL
ESCOLHA DOS ENÓLOGOS
2014
ART.TERRA
PORTUGAL
CURTIMENTA
VINHO REGIONAL ALENTEJANO
2016
opta
Touriga Nacional
DÃO
BEBA COM MODERAÇÃO
VINHOS DA CANTU,
PREMIADOS DE NORTE A SUL DE PORTUGAL
/CANTUIMPORTADORA
CANTUIMPORTADORA.COM.BR
ADEGA
PORTUGAL
GUIA DE VINHOS
cantu
IMPORTADORA

Vinhedos da Croft

LEGENDAS

As vinhas na região do Douro, muitas com mais de 70 anos de idade, estão plantadas em estreitas encostas com inclinações de até 45°, impedindo a mecanização da colheita

Legendas Enoturismo

Hospedagem	🧳
Visita com degustação	🍷
Restaurante	🍴
Loja	🍾

Tabela de avaliação

Classificação	Pontos
Extraordinário	95 a 100
Excelente	91 a 94
Ótimo	89 a 90
Muito Bom	87 a 88
Bom	85 a 86
Regular	83 a 84
Fraco	abaixo de 82

Preços

até 50 reais	$
de 51 a 100 reais	$$
de 101 a 250 reais	$$$
de 251 a 500 reais	$$$$
acima de 501 reais	$$$$$

ALÉM DOS GRANDES VINHOS DE PORTUGAL, A ADEGA ALENTEJANA TAMBÉM É A CASA DOS MELHORES AZEITES EXTRA VIRGENS DA PENÍNSULA IBÉRICA
ALVA OLIVA 500ml
250ml
CASA DEL AGUA 250ml
CASA DEL AGUA 500ml
ORO BAILÉN 500ml
ESPANHA • PORTUGAL
ÁLAMOS 500ml
EA 500ml
CARTUXA 500ml
FÁTIMA 250ml
FÁTIMA 500ml
FÁTIMA PREMIUM 500ml
(11) 5094-5760
ADEGA ALENTEJANA
www.alentejana.com.br
@adegaalentejana
Alva Oliva
OROBAILÉN
Cartuxa
FUNDAÇÃO EUGÉNIO DE ALMEIDA
Fátima

REGIÕES

A Quinta do Crastro é formada por adegas, uma capela e uma casa de hóspedes. Dos 130 hectares, 70 são destinados às vinhas

PORTUGAL VITIVINÍCOLA

Berço de grande variedade de castas autóctones, que dão origem a vinhos de diversos estilos de norte a sul do país.

Coube a Portugal a glória de ter sido a primeira nação a criar uma zona demarcada no mundo. Em 1756, o Marquês de Pombal instituiu a DOC do Porto. Outras se seguiram a partir de 1908: Vinhos Verdes, Dão, Moscatel de Setúbal, Madeira, Bairrada, Algarve, Alentejo, entre outras. Em 1986, a entrada de Portugal na UE (União Europeia) juntamente com o surgimento do Instituto da Vinha e do Vinho (IVV), organismo oficial adaptado às estruturas impostas pela nova política de mercado, foram os grandes responsáveis pelo salto da economia do país diante do mercado mundial e, conseqüentemente, para o setor da vitivinicultura.

De acordo com a nomenclatura comunitária, os vinhos portugueses classificam-se da seguinte maneira: V.Q.P.R.D. (Vinhos de Qualidade Produzidos em Região Determinada) - essa classificação é dada aos vinhos de qualidade produzidos no integral respeito pelo "Estatuto" de cada uma das regiões, que define entre outros, a delimitação da área geográfica, os rendimentos máximos, o tipo de solos, as castas específicas, que fazem parte de uma lista oficial aprovada, as práticas culturais e os métodos de vinificação. Todo o processo de produçao do vinho é sujeito a um controle rigoroso em todas as suas fases, desde a vinha até ao consumidor.

Estes vinhos ainda têm que obedecer a normas e características em relação ao teor alcoólico mínimo, ao estágio mínimo obrigatório, à cor, limpidez, aroma e sabor, que são controladas pelas Comissões Vitivinícolas Regionais, de forma a garantir a genuinidade e qualidade dos vinhos por si certificados.

PORTUGAL
SPAIN
ATLANTIC
OCEAN
Alenquer
Alentejo
Arruda
Bairrada
Beira Interior
Bucelas
Carcavelos
Colares
Dão
Encostas de Aire
Lagoa
Lafões
Lagos
Lourinha
Madeirense Madeira
Óbidos
Palmela
Portimão
Douro
Ribatejo
Távora-varosa
Tavira
Torres Vedras
Tras-Os-Montes
Vinho Verde
Madeirense Madeira
Monção
Valença do Minho
Viana do Castelo
Braga
Barcelos
Guimarães
Vinho Verde
Chaves
Bragança
Tras-Os-Montes
Tras-Os-Montes
Tras-Os-Montes
SERRA DO MARÃO
Vila Real
Alijó
Sabrosa
Porto
Penafiel
Vila Nova de Gaia
Lamego
Douro
Távora-varosa
Meda
Lafões
Beira Interior
Pinhel
Aveiro
Viseu
Dão
Guarda
Bairrada
Mealhada
SERRA DA ESTRELA
Covilhã
Coimbra
Beira Interior
Sertã
Castelo Branco
Nazaré
Encostas de Aire
Alcobaça
Abrantes
SERRA DE SÃO MAMEDE
Portalegre
Alentejo
Lourinha
Óbidos
Santarém
Cartaxo
Alenquer
Ribatejo
Torres Vedras
Arruda
Bucelas
Coruche
Colares
Sintra
Lisboa
Carcavelos
Estremoz
Elvas
Montemor-o-Novo
Palmela
Évora
Alentejo
Alentejo
Alcácer do Sal
Moura
Vidigueira
Alentejo
Beja
Sines
Aljustrel
Odemira
Mértola
Monchique
SERRA DE MONCHIQUE
Portimão
Lagoa
Lagoa
Lagos
Lagos
Tavira
Tavira
Faro

Existe também nomenclatura aplicável aos vinhos licorosos, espumantes e frisantes:

> *VLQPRD - Vinho Licoroso de Qualidade Produzido em Região Determinada*
>
> *VEQPRD - Vinho Espumante de Qualidade Produzido em Região Determinada*
>
> *VFQPRD - Vinho Frisante de Qualidade Produzido em Região Determinada*

A Denominação de Origem (DO) é uma certificação que pode ser atribuída aos vinhos cuja produção está tradicionalmente ligada a uma região geograficamente delimitada e sujeita a regras de produção específicas. A DO pode ser aplicada relativamente as quatro designações supracitadas, bem como às aguardentes de vinho e bagaceira e aos vinagres de vinho.

Além destas menções de qualidade, há também a categoria chamada de "Indicação Geográfica" (IG) ou "Vinhos Regionais", correspondente aos vinhos produzidos numa região específica. Estes vinhos são elaborados com uvas provenientes, no mínimo de 85%, da mesma região e de castas identificadas como recomendadas e autorizadas para aquele tipo de vinho, e estão sujeitos a um sistema de certificação. Uma IG pode ser aplicada relativamente aos vinhos de mesa, espumantes, frisantes, licorosos, aguardentes de vinho e bagaceira e vinagres de vinho.

E por último, a classificação "Vinho" (designação que substitui a tradicional referência "Vinho de Mesa") é atribuída a todos os vinhos de mesa que não se enquadram nas designações já referidas.

Grandes enólogos
terroir excepcional,
vinhos incríveis.
BEBA COM MODERAÇÃO
RIBEIRO SANTO
RESERVA
COVELA
EDIÇÃO NACIONAL
QUINTA DAS
TECEDEIRAS
DOURO
WINEBRANDS.COM.BR
0800 771 5556
(11) 2344 5555
WINE
BRANDS

REGIÕES

ALENTEJO

Contando hoje com mais de 22 mil hectares de vinhedos, nas primeiras décadas do século XX o governo queria fazer do Alentejo o "celeiro" de Portugal

Situado na zona sul de Portugal, o Alentejo é uma região essencialmente plana, com alguns acidentes de relevo, não muito elevados, mas que o influenciam de forma marcante. Embora seja caracterizada por condições climáticas mediterrâneas, apresenta nessas elevações, microclimas que proporcionam condições ideais ao plantio da vinha e que conferem qualidade às massas vínicas. As temperaturas médias do ano variam de 15° a 17,5°, observando-se igualmente a existência de grandes amplitudes térmicas e a ocorrência de verões extremamente quentes e secos. Mas, graças aos raios do sol, a maturação das uvas, principalmente nos meses que antecedem a vindima, sofrem um acúmulo perfeito dos açúcares e materiais corantes na película dos bagos, resultando em vinhos equilibrados e com boa estrutura. Os solos caracterizam-se pela sua diversidade, variando entre o xisto, granito, mármore, argila e calcário.

Praça do Giraldo, em Évora

Na Denominação de Origem Alentejo estão incluídas 8 sub-regiões: Portalegre, Borba, Redondo, Reguengos, Vidigueira, Évora, Granja-Amareleja e Moura. As principais cepas tintas encontradas na região são Alfrocheiro, Alicante Bouschet (francesa de origem, encontrou no Alentejo seu terroir de excelência), Aragonez, Cabernet Sauvignon, Castelão, Syrah, Touriga Nacional e Trincadeira. As principais variedades brancas são Antao Vaz, Arinto, Fernão Pires e Roupeiro.

ALGARVE

A forte influência marítima e a colonização árabe estão presentes em casas e construções dessa região no extremo Sul do país

Localizado no extremo sul de Portugal Continental, o Algarve é uma zona bem definida. É uma região com características particulares, conferidas pela proximidade do mar, pelo clima, pela vegetação natural e pela cultura marcada pela longa ocupação árabe. Foram os árabes os responsáveis por fixar a tradição vinícola em Algarve. Eles não só plantaram a vinha como também exportavam o vinho produzido, tendo os cristãos, décadas mais tarde, aproveitado essa tradição, incrementando-a, até a atualidade. A localização meridional, a proteção assegurada pela barreira montanhosa contra os ventos frios do Norte e sua exposição em anfiteatro virado para o sul, fazem com que o clima seja acentuadamente mediterrânico: quente, seco, com pouco vento, amplitudes térmicas muito reduzidas e com média de sol acima das 3000 horas por ano. Na região do Algarve, existem quatro Denominações de Origem Controlada: Lagos, Portimão, Lagoa e Tavira.

AÇORES

O arquipélago dos Açores é composto por nove ilhas de origem vulcânica

Em meio ao oceano Atlântico, a 1600 km a oeste da costa continental portuguesa, situa-se o arquipélago dos Açores constituído por nove ilhas. A cultura da vinha nas ilhas Terceira, Pico e Graciosa, remontam à época do seu povoamento em meados do Séc. XV, pensando-se que foram os frades franciscanos quem nelas introduziram o plantio da vinha. Construídas as igrejas, eles tiveram que importar vinho, elemento essencial na celebração da missa. Com o tempo, perceberam que o clima era similar ao da Sicília, então trouxeram de lá várias plantas de Verdelho. A adaptação foi imediata e logo começou a exportação para todo o norte da Europa.

A qualidade dos vinhos açorianos levou ao reconhecimento de três Denominações de Origem, Pico, Biscoitos e Graciosa, bem como da Indicação Geográfica Açores, que em sua área geográfica abarca as nove ilhas que compõem a Região Autônoma dos Açores.

BAIRRADA

Palácio do Buçaco, de estilo neomanuelino

A produção de vinhos na região de Beira Atlântico remonta ao tempo dos romanos. A partir do ano de 1390 nos reinados de D. João I e D. João III, os vinhos desta área do país, tinham sido alvo de medidas de proteção, dada a sua qualidade e importância econômica.

Situada entre Águeda e Coimbra, a região da Bairrada tem clima mediterrâneo, com noites frescas mesmo nos verões mais quentes. Com terrenos planos e predominantemente arenosos e pobres, as vinhas são normalmente cultivadas em solos argilosos e argilo-calcários, que, raramente, ultrapassam os 120 metros de altitude. Foi uma das primeiras regiões de Portugal a explorar os vinhos espumantes, estilo que continua com grande prestígio no país. As principais castas brancas são Arinto, Bical, Cercial, Chardonnay, Fernão Pires (também conhecida como Maria Gomes) e Rabo de Ovelha. As tintas são Alfrocheiro, Baga (considerada por muitos a uva símbolo da Bairrada), Bastardo, Cabernet Sauvignon, Castelão, Jaen, Merlot, Syrah e Touriga Nacional.

- Caves São João........ p.108
- Filipa Pato p.122
- Luis Pato.................... p.145
- Palácio do Buçaco.... p.161

BEIRA INTERIOR

Na zona da Beira Interior - área que se estende numa faixa ao longo da fronteira com a Espanha - o vinho foi, durante séculos, o produto agrícola predominante. A cultura da vinha desenvolveu-se significativamente no início do século XII, pelas mãos dos monges de Cister. Em 1999, os vinhos desta região foram reconhecidos na categoria de Denominação Origem Beira Interior. Justiça feita aos tintos vivos e brilhantes e aos brancos aromáticos, cheios e persistentes em sabor.

Os solos são, em sua maioria, de natureza granítica, sendo os restantes basicamente de origem xistosa. O clima é particularmente agreste, com verões muito quentes e secos e invernos que chegam a temperaturas negativas. Destacam-se as variedades brancas Síria, Malvasia, Fonte Cal e Arinto e as tintas Rufete, Touriga Franca, Touriga Nacional e Tinta Roriz. A DO Beira Interior abrange as sub-regiões de Castelo Rodrigo, Cova da Beira e Pinhel.

• Caves São João........ **p.108**

DÃO

O Dão é cercado pelas montanhas da Serra da Estrela, Serra do Caramulo e Serra da Nave

O Dão é uma das mais antigas regiões vitivinícolas de Portugal, situada no centro-norte do país, logo abaixo do Douro, que carrega a reputação de produzir alguns dos melhores tintos e brancos portugueses. Cercada por altas montanhas de granito por três lados - Serra da Estrela, Serra do Caramulo e Serra da Nave -, a região fica protegida da influência do Oceano Atlântico. Assim, o clima local se mantém temperado. Os verões são secos e quentes, enquanto os invernos, frios e chuvosos, com grande amplitude térmica. Além disso, os solos são arenosos, de origem granítica e xistosa, bem drenados. Em conjunto, esses são fatores propícios para a obtenção de vinhos de alta qualidade. No Dão planta-se uma grande variedade de cepas e é notável o fato de a região ser rica em espécies autóctones. A maior parte dos vinhos é, todavia, produzido a partir de Touriga Nacional, Tinta Roriz, Jaen (conhecida na Espanha como Mencía), Alfrocheiro Preto e Encruzado. De fato, dados apontam que 80% da produção da região é de tintos, sendo que pelo menos 20% desses rótulos leva Touriga Nacional. A Encruzado é a principal cepa branca, por vezes combinada com Malvasia Fina e Bical.

A Comissão Vitivinícola Regional do Dão é a entidade responsável pela certificação e autenticação do vinho com direito à Indicação

80% da produção da região é de tintos, sendo que pelo menos 20% leva Touriga Nacional

Geográfica (IG) Terras do Dão e às Denominações de Origem (DO) Dão e Lafões. Esta última é uma pequena região localizada entre as denominações do Dão e Vinho Verde. Ali, os solos são geralmente mais férteis, e a região assemelha-se à do Vinho Verde, tanto pela condução das videiras - campos de cultura com a vinha alta a servir de bordadura - quanto pelas características dos vinhos (os brancos tem acidez elevada, são pouco alcoólicos e bastante frutados e os tintos têm um bom poder de envelhecimento). O nome deriva do árabe "Alafões", que significa "dois irmãos". Uma alusão aos montes, hoje conhecidos como Castelo e Lafões.

- Adega de Silgueiros... **p.89**
- Alameda de Santar.... **p.92**
- Caves São João........ **p.108**
- Enoport **p.120**
- M.O.B. **p.147**
- Magnum Vinhos........ **p.149**
- Messias **p.152**
- Opta **p.159**
- Quinta da Falorca...... **p.177**
- Quinta da Pellada..... **p.183**
- Q. P. Pedrinha........... **p.185**
- Val da Ucha **p.234**

DOURO

Rio Douro e os típicos vinhedos em socalcos às suas margens

O Douro, no nordeste de Portugal, é uma das mais belas regiões vitivinícolas do mundo. Estende-se por uma área de cerca de 250 mil hectares, ao longo das margens do rio que lhe dá nome e de seus afluentes. Embora a presença da vinha na região remonte a 4 mil a.C., a produção de vinhos só tomou impulso a partir do século XVIII, quando o Vinho do Porto foi criado e a região se tornou a primeira do mundo a ser demarcada e delimitada. Muitos anos mais tarde, em 1982, uma nova iniciativa criaria a DOC Douro, que regula também a produção de vinhos tranquilos (tintos e brancos).

Divide-se em três sub-regiões: a mais ocidental é o Baixo Corgo. Próxima ao mar, nela se sente a influência atlântica. As encostas são menos inclinadas e a produção é relativamente abundante (cerca de 50% do total). O Cima Corgo engloba a parte central da zona e vai do leste do rio Corgo até Cachão da Valeira. As encostas são difíceis e irregulares e as montanhas muito inclinadas. O índice de chuvas é mais baixo do que no leste. Finalmente, desde o Cachão da Valeira até a fronteira espanhola, encontramos o Douro Superior. O clima é ainda mais seco e a qualidade dos vinhos é excelente. As encostas das montanhas são menos íngremes, aceitando até alguma mecanização.

Os vinhos do Douro possuem muita personalidade e são elaborados com uvas autóctones do país. O mais famoso deles é, sem dúvida, o Vinho do Porto, um fortificado, com alto teor alcoólico e marcada

doçura natural proveniente do açúcar residual do seu mosto. Seus vinhos de mesa (como são classificados os vinhos finos portugueses), sobretudo os tintos, também conquistaram prestígio internacional e certamente integrarão as grandes coleções de vinho de nosso século. As variedades tintas mais destacadas são a Touriga Nacional, Tinta Roriz, Touriga Franca, Tinta Barroca, Tinta Cão e Bastardo. E as principais brancas são a Malvasia Fina, Verdelho, Rabigato, Donzelinho, Esgana Cão e Viosinho.

LISBOA

A região de vinhos de Lisboa até 2009
era conhecida por Estremadura

Antigamente conhecida como Estremadura, hoje a região recebe seu nome por sua proximidade com a capital do país, que em algumas situações vem literalmente envolvendo e engolindo seus vinhedos. A DO Lisboa engloba as sub-regiões Bucelas, Colares, Carcavelos, Alenquer, Arruda, Lourinhã, Óbidos, Torres Vedras e Encostas d'Aire. Estas sub-regiões são um caleidoscópio de características distintas, desde zonas mais quentes até um clima mais influenciado pelo mar; desde vinhos potentes a elegantes; de brancos a tintos; de castas internacionais - que aí se adaptaram muito bem - às castas típicas de Portugal - que aí encontram expressões especiais. Explorar as diversas tipicidades de seus melhores vinhos é fonte de grande prazer e descobertas.

Lisboa é considerada uma das maiores regiões vitivinícolas de Portugal, tanto em relação à área de vinhedos quanto à produção

Vale da Mata, Herdade do Rocim

(sendo que a maior parte dos vinhos produzidos são vendidos como Vinho Regional Lisboa). As castas tintas predominantes são Alicante Bouschet, Aragonez, Castelão, Tinta Miúda, Touriga Franca, Touriga Nacional, Trincadeira, Cabernet Sauvignon e Syrah. E as principais brancas Arinto, Fernão Pires, Malvasia, Seara-Nova, Vital e Chardonnay.

• Herdade do Rocim... p.134 • Q. da Chocapalha..... p.190 • Q. Monte d'Oiro.......... p.201

MADEIRA

Descoberta em 1419, nos tempos áureos das viagens marítimas portuguesas, a Madeira ficou sob administração dos capitães João Gonçalves Zarco, Tristão Vaz Teixeira e Bartolomeu Perestrello, e logo foi ocupada com culturas de trigo, cana-de-açúcar e uva.

A ilha da Madeira tem uma área total de apenas 740 quilômetros quadrados (no máximo 58 km Leste-Oeste e 23 km Norte-Sul), sendo que mais de 450 hectares são destinados exclusivamente à produção vitivinícola. O território madeirense expande-se no oceano Atlântico e forma um arquipélago com a ilha do Porto Santo e com as ilhas Desertas e Selvagens.

A maior parte da produção de Vinho Madeira tem por base as uvas Sercial, Verdelho, Boal, Malvasia e Tinta Negra, que são plantadas em solos de origem vulcânica. De forma geral, os solos madeirenses têm uma textura argilosa e quimicamente apresentam-se ácidos,

Seixal

ricos em matéria orgânica, magnésio e ferro, pobres em potássio e suficientes em fósforo.

De acidez marcante e frescor quase eterno, o Madeira é único no mundo, típico pelos seus aromas de envelhecimento que casam o sol e a temperatura alta da região com o processo de oxidação lenta, em cascos de madeira antigos. Nesse néctar, há um sabor secular que renasce com jovialidade em cada garrafa. O Vinho Madeira é um prazer em forma de especiarias, amêndoas torradas, frutas cristalizadas e aromas etéreos que se fundem.

• Blandy's........................ **p.97**

MINHO

A cultura da vinha tem remotas tradições na região do Minho. As mais antigas referências que se conhecem da existência de produção de vinho, no que é hoje a região demarcada, remontam à época romana. No entanto, a mais antiga menção conhecida a esses vinhos encontra-se num documento datado de 1606, passado pela Câmara do Porto.

A região estende-se por todo o noroeste de Portugal, na zona tradicionalmente conhecida por Entre-Douro-e-Minho. Está situada numa zona de relevo muito variado, com exposição atlântica e clima caracterizado por elevada pluviosidade, umidade atmosférica, temperatura amena e pequenas amplitudes térmicas. Os solos são homogêneos e predominantemente graníticos, férteis a muito férteis, de acidez elevada.

Segundo a Comissão de Viticultura da Região dos Vinhos Verdes, entidade responsável pela certificação do DOC "Vinho Verde" e do Vinho Regional Minho, as principais cepas brancas são Alvarinho, Arinto (designada localmente por Pedernã), Avesso, Azal, Loureiro e Trajadura. A maioria dos Vinhos Verdes brancos são compostos por um blend de uvas, resultando em vinhos especialmente

aromáticos, límpidos e refrescantes. A exceção é a quantidade crescente de ótimos exemplares produzidos exclusivamente por Alvarinho, cultivada particularmente na sub-região de Monção e Melgaço, que, dada a sua elevada qualidade, tem sido levada para outros pontos da região e do país. Recentemente, a Arinto também está se tornando cada vez mais popular em varietais. A produção de vinho tinto ocorre em menor escala e seu maior consumo é interno, sendo pouco exportado. As uvas tintas mais importantes são Espadeiro, Padeiro e Vinhão (casta local que domina a produção dos tintos e ultimamente cada vez mais voltada para elaboração de rosados).

Atualmente, a região dos Vinhos Verdes é dividida em 9 sub-regiões: Monção, Lima, Cávado, Ave, Basto, Sousa, Amarante, Baião e Paiva.

- Casa Relvas............... p.103
- Casa Santos Lima p.107
- F. Eça de Queiroz p.124
- Palácio da Brejoeira.. p.160
- Pessoa Wines............ p.164
- Provam........................ p.167
- Quinta da Calçada..... p.175
- Quinta de Covela p.191
- Quinta do Ameal....... p.196
- Quinta do Côtto p.198
- Soalheiro.................... p.222
- Val da Ucha p.234
- Vila Nova.................... p.237

PENÍNSULA DE SETÚBAL

Na região é produzido o Moscatel de Setúbal, um dos três grandes fortificados portugueses

A oeste do Alentejo, as antigas Terras de Sado, rebatizadas como Península de Setúbal, destacam-se de outras regiões de Portugal por sua boa relação entre qualidade e preço. Seu vinho ícone, o Moscatel de Setúbal, é um dos três grandes fortificados portugueses e, para muitos, só não é tão conhecido quanto o Vinho do Porto e o Vinho Madeira pelo fato de os ingleses não terem ido 300 quilômetros mais ao sul.

Setúbal compreende a Indicação Geográfica Península de Setúbal (Vinho Regional) e as Denominações de Origem Palmela, que abarca a produção de vinhos tranquilos, espumantes e fortificados, e Setúbal, reservada para os vinhos Moscatel de Setúbal e Moscatel Roxo. As principais castas são a Arinto, Moscatel de Setúbal (também conhecida como Moscatel de Alexandria) e Fernão Pires, para as brancas, e Moscatel Roxo, Touriga Nacional, Aragonez, Syrah e Castelão, para as tintas.

• Enoport........................ **p.120**

TÁVORA-VAROSA

Situada a nordeste do Dão, fazendo fronteira com o Douro, a pequena região de Távora-Varosa é principalmente associada à produção de espumantes, sendo a primeira região demarcada de espumantes de Portugal, em 1989.

A área de produção da DO Távora-Varosa, que abrange vinhos tranquilos e espumantes, é marcada pela qualidade superior de seus vinhos - resultado da combinação de solos graníticos e às vezes xistosos, de erosão acentuada e ácidos, com o clima temperado e seco, mas com invernos bastante rigorosos.

As principais variedades, além de Pinot Noir e Chardonnay (reconhecidas mundialmente por sua excelência, inclusive na composição de espumantes), são as tintas Touriga Nacional, Touriga Franca, Tinta Barroca e Tinta Roriz e as brancas Bical, Cerceal, Gouveio-Real, Malvasia Fina e Verdelho.

Cabe à Comissão Vitivinícola Regional Távora-Varosa o controle e a certificação da DO Távora-Varosa e da IG Terras de Cister.

TEJO

Quinta da Alorna

Situada no Centro de Portugal, a região se divide em três paisagens bastante diferentes e designadas como Campo (Lezíria do Tejo), Bairro e Charneca. O Campo corresponde à planície, inundável pelo rio Tejo, de terras férteis. Destaca-se como uma zona de ótima aptidão para a produção de vinhos brancos. O Bairro, na margem direita do Tejo, tem um relevo mais acentuado e solos mistos, onde muitas oliveiras convivem harmoniosamente com a vinha, o trigo e o milho. A Charneca, estende-se pela margem esquerda do Tejo, onde o solo é mais pobre e a vinha precisa dividir os recursos existentes com os eucaliptos e pinheiros. Aqui, os vinhos têm normalmente um grau alcoólico mais elevado devido ao aquecimento dos bagos pelo reflexo do sol nas areias brancas, nas quais os vinhedos são plantados.

A Comissão Vitivinícola Regional do Tejo (CVR Tejo), criada em 2008 e que sucedeu à Comissão Vitivinícola Regional do Ribatejo (fundada em 1997), é a entidade que controla e certifica os vinhos produzidos na região com direito à Denominação de Origem do Tejo (DO do Tejo) e à Indicação Geográfica Tejo (IG Tejo).

• Fiuza & Brigth........... **p.123** • Quinta da Alorna.......... **p.171** • Q. Lagoalva de Cima.. **p.180**

TRÁS-OS-MONTES

Vinhedos da Quinta do Sobreiró de Cima

Localizada no nordeste de Portugal, a Região Vitivinícola de Trás-os-Montes apresenta-se por entre montes e acentuados vales em uma ampla área de extensão, de Montalegre ao Planalto Mirandês. Carateriza-se pela altitude elevada e seu clima continental, com verões muito quentes e invernos extremamente rigorosos. Os solos são graníticos com algumas manchas de xisto, pobres e pouco produtivos.

Em Trás-os-Montes há três sub-regiões para a produção de vinhos de qualidade com direito à Denominação de Origem (DO): Chaves, Valpaços e Planalto Mirandês. No que se refere ao vinho com Indicação Geográfica (IG), geralmente designado por Vinho Regional Trasmontano, este pode ser produzido em toda a região. O controle e a defesa da Denominação de Origem e da Indicação Geográfica, ambas reconhecidas em novembro de 2006, são de responsabilidade da entidade certificadora Comissão Vitivinícola Regional de Trás-os-Montes (CVRTM).

- A. C. do Sonim............**p.92**
- Q. das Corriças............**p.186**

DICAS DE VIAGENS

Desde 1999 a Quinta Nova de Nossa Senhora do Carmo é gerida pela família Amorim, ligados à industria do vinho desde 1870

Muito além do vinho, Portugal é um país e tanto para viajantes Primeiro, porque reúne tradição, história, belezas naturais, boa comida e um povo igualmente delicioso. Depois, porque o país inteiro é facilmente acessível por estradas excelentes, grande rede hotéis e restaurantes inesquecíveis. Enfim, porque tem os melhores preços da Europa e... fala-se português!

Nas páginas a seguir, reunimos um pouco das maravilhas portuguesas, não com um olhar tradicional e óbvio, mas com uma seleção escolhida a dedo, com dicas muito precisas, para quem que ir além das taças.

Dividimos os roteiros em cinco regiões, todas famosas por sua produção de vinhos, de Lisboa ao Douro. Mas você pode fazer “ao contrário”, se chegar pelo Porto. Aproveite e boa viagem!

ALENTEJO

O nosso roteiro começa em Évora onde uma bela pedida é hospedar-se no **Convento do Espinheiro** ❶ *(conventodoespinheiro.com), um cinco estrelas moldado numa edificação do século 15 erguida em homenagem à Nossa Senhora do Espinheiro, no mesmo local onde ela teria aparecido para um pastor. O lugar era frequentado pela nobreza e os resquícios dessa fase ainda estão presentes nos afrescos e nas peças religiosas, além do rico mobiliário.*

Nos quartos, porém, o que vemos, especialmente nos da novíssima "seção design", é uma decoração moderna, ao estilo Philippe Starck. O contraste é fascinante. Não menos do que a impressionante adega do

hotel. Ela foi construída onde era a cisterna do convento, com arcos góticos, num verdadeiro cenário de cinema. Não raro, ali acontecem degustações de vinhos alentejanos.

Para comer em Evóra, há duas paradas obrigatórias. A primeira é na**Tasquinha D'Oliveira** ❷ *(R. Cândido dos Reis 45, tel.: +351 266 744 841)*, comandada por Manuel Oliveira e pela mulher, Carolina, que toca a cozinha (cotada

como uma das melhores de Portugal) com mãos de fada. Na meia dúzia de mesas da casa, come-se comida tradicional, feita de forma autêntica, desde os inúmeros petiscos de entrada até pratos como as bochechas de porco preto à moda alentejana ou o borrego assado. As sobremesas são uma perdição (a encharcada, aliás, é de comer ajoelhado). Ah, sim, a Tasquinha, só atende com reservas.

O **Fialho** ❸ (restaurantefialho.pt) é a outra boa mesa que você não pode deixar de conhecer. Aqui tudo é clássico: dos trajes dos garçons aos pratos portugueses. Feitos "à francesa", com enorme sofisticação – e perfeição. Estamos falando de bases, molhos, assados, salteados preparados – e servidos! – num nível como pouco se vê. O cardápio extenso nos deixa sempre com a vontade de voltar.

Alentejo adentro, cerca de meia hora de carro de Évora, ao norte, fica Estremoz, onde estão dois outros clássicos da região: as vinícolas **Quinta da Bacalhôa** e **Quinta Dona Maria** ❹ *(donamaria.pt)*, uma das mais bonitas de todo o Alentejo. Conta a história que o rei D. João V, em meados do século 18, ofereceu a quinta a uma cortesã por quem estava perdido de amores. É ela que dá nome à casa e ao principal vinho do enólogo e dono do lugar Júlio Bastos. Ele tem história na trajetória do vinho alentejano. Antes, sua propriedade chama-

va-se Quinta do Carmo e fazia rótulos tão bons que teve parte do negócio comprado pelo poderoso grupo Domaines Barons de Rothschild. Mas os franceses quiseram produzir vinho apenas ao seu modo, o resultado não agradou e Júlio, que havia mudado a vinícola para outro ponto, voltou para casa. Hoje, no lugar com ares palacianos, há uma produção relativamente pequena tratada com esmero pelo próprio Júlio, ao lado da mulher Isabel. Compre a "visita completa", vale muito a pena. Ela inclui, entre outros, almoço ou jantar no palácio, num cenário de sonho, com toalha de renda, louça antiga, talheres em prata e vinhos top de linha nas taças. Em tempo, Isabel está sempre presente neste tipo de visita.

Do tradicional ao moderno, chegamos, ainda mais ao norte, ao **Torre de Palma Wine Hotel** 5 *(torredepalma.com)*, próximo à cidade de Monforte. Recém-inaugurado, é o retrato de uma Portugal moderna e descolada, na qual luxo é andar descalço em ambientes arejados, com decoração clean, repleta de peças de design. Para o bem de quem se hospeda ali, o hotel fica no meio do nada. Um nada cercado de videiras e campos de cereais, que podem ser vistos da torre que dá nome ao lugar.

Vamos mais para cima? Você já voou de balão? O passeio, bem tranquilo, é comum por aqui e pode ser feito saindo dos mais variados pontos. Nele, além de termos uma visão geral do Alentejo, há serenidade a 2 mil metros de altura, emoção em tocadas rasantes sobre os animais que correm pelos campos. Em meia hora (tempo suficiente de passeio; mais, cansaria), vivemos a experiência tão típica por aqui *(upalentejopt)*. Melhor, no entanto, é ver de perto o que está na terra, como a **Herdade do Esporão** ❻ *(esporao.com)*.

A maior vinícola do Alentejo é uma espécie de Disney do vinho por causa do oceano de videiras que a cerca. No caminho até a sede, uma área considerável apresenta as mais variadas castas, do mundo todo, colocadas em teste no terroir local. No prédio moderno, onde tudo acontece, encontramos mais uma vez a tal Portugal descolada, com salas gostosas, mesas sob caramanchões, uma loja incrível com todos os produtos (alguns só vendidos ali) da empresa e o restaurante.

Ah, o restaurante de comida contemporânea, que é um destaque da gastronomia do país inteiro.

Para finalizar, em grande estilo, dessa vez bem ao sul do Alentejo, a **Herdade da Malhadinha Nova** ❼ *(malhadinhanova.pt)* é a síntese do charme alentejano. Ela nasceu a partir de um sonho de fazer vinho de autor, numa vinícola referência. Aí, virou hotel com decoração ao estilo rústico-chique (bem chique), cercado de vinhedos, pastos, enfim, de uma paisagem maravilhosa. É o tipo do lugar que a gente chega e não quer sair.

BAIRRADA

Comer o leitão da Bairrada ❶ *é o clássico indefectível. Afinal, o bichinho é abatido bem novo, o que mantém a sua carne tenra e suave. Depois é temperado com uma mistura de azeite, sal e pimenta e assado em altíssima temperatura. Então sai do forno e toma um banho de água gelada, o que faz a pele do leitãozinho pururucar, como se recebesse óleo quente. Então, volta rapidamente para o calor, antes de seguir para a mesa, servido com o molho com o qual foi temperado, batatas fritas e uma saladinha (embora ninguém dê bola para ela).*

Agora, imagine tudo isso com uma taça dos excelentes espumantes produzidos na região. Para melhorar, coloque-se sentado à mesa num ambiente imponentemente aristocrático, considerado o último palácio dos Reis de Portugal. O hoje **Palace Hotel do Bussaco** ❷ (*almeidahotels.pt*) é uma mescla de estilos, rica, variada e densa, escolha tradicional da época em que o arquiteto Manini, cenógrafo do Teatro de São Carlos, foi em busca de realizar o sonho romântico de D. Carlos I, que queria um castelo de fadas,

❸

❸

❹

❺

com os erguidos nos picos das montanhas germânicas.

Na região, há outras belas e charmosas pousadas, com o **Curia Palace Hotel❸** (*almeidahotels.pt*), uma joia dos dourados anos 20 português, que serviu de cenário para o filme O Grande Hotel Budapeste, de Wes Anderson.

O que é instigante na Bairrada é a possibilidade de conviver com um riquíssimo espólio arquitetônico e artístico, além do auge da aristocracia e do luxo, como uma visita na **biblioteca da Universidade de Coimbra**,❹ com seu mobiliário folheado com o ouro que vinha do Brasil-colônia, e também o **Mosteiro Santa Cruz❺**, onde repousa o corpo de D. Afonso Henrique, o primeiro rei de Portugal. Ou o frescor praiano.

Entre as montanhas e o mar, a Bairrada tempera o passeio glorioso do visitante,

com sutilezas como as casinhas coloridas de **Aveiro**6, melhor apreciadas com uma barrica do **Café A Barrica**7 (*R. João Mendonça, 25, Aveiro*) com famosos ovos moles, como se come por ali, fresquíssimos. Vale dizer que os bons mesmo são os feitos na hora. Com o tempo, o doce cristaliza e perde uma acidez sutil, que faz toda a diferença.

De volta ao leitão, o **Pedro dos Leitões** 8(*Rua Álvaro Pedro, 1. Mealhada*) é a melhor pedida para comer o prato regional. Ele é enorme, parece uma churrascaria (muito confortável), com um serviço impecável na arte de restauração.

O **Restaurante Nacional**9 (*R. Mario Pais, 12, Coimbra*) é outra referência local, num edifício antigo na zona histórica de Coimbra, muito famoso pela cozinha típica servida ali – os pratos de bacalhau são inesquecíveis. Vamos ousar? Não saia da Bairrada sem comer a caldeirada de **Enguias**10, com suas cores e sabores únicos, e depois caminhar pelas aldeias serranas de Águeda.

8

PEDRO dos LEITÕES
8

8

10
7

9

9

DÃO

Pouco falada mundialmente, Viseu ❶, a histórica cidade-jardim, é o ponto de partida para um universo de delícias

Uma viagem ao coração de Portugal, invariavelmente, começa em Viseu, uma cidade que não é pequena (mas também não é grande!), absolutamente encantadora. Uma cidade jardim, veja só! Com intensa vida cultural e nove (sim, nove!) museus realmente bons.

De carro, a chegada é pela majestosa estrada calçada ao estilo romano, de pedras. Aí, é estacionar e seguir à pé. É uma dica, aliás, seguir assim pelo tempo que estiver por aqui. E, perder-se pelas praças e ruazinhas medievais, com uma arquitetura típica e cheia de personalidade. Edifício negros, construídos com o granito da região, contrastam com o lado moderno e sua fachadas brancas.

Para mergulhar num mundo de arte, o **Museu Grão Vasco**❷ tem um acervo que vai do Romântico ao Barroco, com peças litúrgicas, de arqueologia, porcelanas e mobiliário notável. Por outro lado, contemporâneo, o **Balsa City**❸, o bairro da Balsa é um grande cenário de arte urbana, com as mais variadas técnicas, num sem fim de obras – muitas fazem referência ao mundo do vinho. Tudo isso misturado com elementos como os gárgulas da Casa das Bocas e janelas em estilo manuelino.

Vamos comer? Se a passagem pela cidade for entre agosto e setembro, a **Feira de São Mateus**❹, a mais antiga da península Ibérica, é um deleite. Mas, claro, há uma boa sorte de restaurantes, como o simples e adorável **Cantinho do Tito**❺ (*R. Mario Paes da Costa, 10*), o **Cortiço**❻ (com comida confortável com ingredientes perfeitos) e o exótico (para nós, claro)

Clube dos Caçadores❼. Em todos eles, descobrimos, entre outros, os pratos típicos locais. O rancho de Viseu, um cozidão com grão de bico e outros legumes, com galinha, embutidos e carne de boi tem potência e sabor inesquecíveis. Assim como a **vitela à Lafões**❽, feita com a carne tenra do bichinho recém-desmamado, temperada apenas com sal, páprica doce e vinho branco. Com ela vão ao forno à lenha batatas e cebolas. Simples assim, gostoso como pouco se vê.

Há ainda o **arroz de carqueja**❾, feito com frango do campo (melhor ainda com carne de caça), usando sangue avinagrado e cozido no caldo infusionado com ramos de carqueja seca. Para a sobremesa (ou com um cafezinho, a qualquer hora do dia!), o **Viriato**❿ é o grande astro local, entre os tantos doces típicos de Viseu. Ele é um tipo de bolo macio recheado com doce de e coberto com uma fina camada de coco ralado. Na forma da letra V, a inicial do nome do grande líder dos lusitanos na batalha contra os romanos, durante a invasão da Península Ibérica. Em cada esquina encontra-se também as castanhas de ovos, apenas com calda de açúcar e gema. Para ir além, o **pastel de feijão**⓫ usa

amêndoa e feijão branco cozido.

A pequenina e charmosa **Confeitaria Amaral⓬** (*Rua Alexandre Lobo, 52*) é um bom lugar para comer todos eles.

Com tantas atrações, há de se imaginar que Viseu tenha uma boa sorte de hotéis. Sim, tem mesmo. Nenhum, no entanto, como charmoso o **Palácio do Melos⓭**, no centro histórico. Junto aos principais monumentos da cidade, ele tem terraços magníficos na sua arquitetura medieval.

Nos arredores de Viseu, além de um sem número de vinícolas, na chamada Borgonha portuguesa, há atividades ao ar livre, especialmente trilhas e banhos de rio, em lindas praias fluviais. Para encontra-las, basta seguir para a **Serra do Caramulo⓮**, o local com o ar mais puro da Europa, a poucos quilômetros da cidade. Lá fica também as **Termas de Sangemil⓯** (*termasdesangemil.cm-tondela.pt*), com um tipo de água única, usada nos mais diversos tipos de tratamento.

DICAS DE VIAGENS

DOURO

Aqui o roteiro começa pelo fim, onde o rio vai dar no mar. E segue contra a correnteza para revelar um dos destinos mais encantadores de Portugal

No Porto, começamos na parte alta da cidade, no **Mercado Bolhão❶**. Cheio de personalidade, o lugar é ótimo para conhecer os produtos que os portugueses consomem, longe do burburinho turístico. Aqui tem produtos frescos, de pescados a carnes, incluindo animais vivos; temperos, conservas, queijos, curados e embutidos. Difícil sair de mãos vazias. Ladeira abaixo, seguimos ao Cais da Ribeira e, no caminho, vale uma olhadela na estação de trens **São Bento❷**, com belos painéis de azulejos.

1

4

Então, chegando às margens do rio Douro há passeios nos tradicionais **barcos rabelo❸** por ele (bonito, mas bem turístico). Se for, melhor dedicar, ao menos, meio dia para isso. Se não, boa pedida é almoçar no Restaurante da **Alzira❹** (*Viela do Burado, 3*), que faz uma cozinha simples, preparada com mãos extraordinárias. A digestão é feita, então, atravessando o rio e parando em algum dos

2

armazéns que envelhecem o famoso vinho fortificado da região. A Taylor's faz o mais premiado deles. E, na adega, está o **Barão de Fladgate**❺, bom restaurante com vista panorâmica e uma varanda gostosa, usada durante o verão.

Vamos para o Douro? No caminho, de carro, a primeira parada é em **Amarante**❻, especialmente no **hotel Casa da Calçada** (*casadacalcada.com*), um dos melhores de Portugal, com restaurante afamados por suas estrelas Michelin, o Largo do Paço. Na cidade, há uma bela coleção de igrejas e prédios templários. Deu fome? O **Zé da Calçada**❼ (*R. 31 de Janeiro, 83*) serve comida regional das melhores, com destaque para o couvert com delícias como pataniscas de bacalhau, embutidos caseiros, favas com chouriço, polvo em molho verde.

Mais à frente, fica o **Peso da Régua**❽ (ou apenas Régua), cidade ribeirinha de onde vemos de camarote a famosa paisagem dos socalcos, onde crescem as videiras. Aqui estão a Companhia Geral das Vinhas do Alto Douro e o Instituto dos Vinhos do Douro e do

DICAS CULTURAIS

Porto, além do Solar do Vinho do Porto, onde acontecem provas, cursos e palestras sobre a bebida, além de muitas quintas que as produzem. Na **Quinta da Pacheca** ❾ (*quintadapacheca.com*) fica um dos melhores restaurantes da região, com comida portuguesa refinada, muito adequada para os vinhos daqui.

Falando em alta cozinha, é em Pinhão, mais acima, onde fica o **DOC** ❿ (*Estrada Nacional, 222*), do grande chef Rui de Paula⓫, estrela em Portugal, parada fundamental para quem quer comer bem no Douro. Ele fica no porto onde encontram-se os rios Douro e Pinhão, no qual, aliás, saem os agradáveis **cruzeiros fluviais**⓬, de um a sete dias. É gostoso caminhar pelo cais, para em cafés, lojas de vinho e ver o comércio de equipamentos que produzem a bebida, espalhadas por aqui. Além das quintas, como a famosa Quinta do Crasto, a cidade é marcada pela **The Vintage House**⓭ (*thevintagehousehotel.com*), hotel elegante, de frente para o rio Douro. Outro destaque é o Quinta do Sinval (quintadosinval.pt), uma casa rural aconchegante com vista para os vinhedos. Com ótimo restaurante: e tome pataniscas de bacalhau, sardinhas assadas, polvo à lagareiro, leitão da Bairrada e outros clássicos portugueses. Mais imponente do que todos eles, A **Quinta da Romaneira**⓮ (*quintadaromaneira.pt*) é um dos hotéis mais espetaculares da Europa, com instalações preciosas, como a piscina com borda infinita sobre o leito do Douro.

Enfim, chegamos a Vila Nova de Foz Côa, famosa

pelos embutidos e curados artesanais feitos por aqui. Não raro, eles levam partes que não são consumidas das carnes de caça também célebres na região. Nos arredores, aliás, fica a Barragem da Valeira, ponto dos mais visitados. Ela doma as águas nervosas que corriam por ali, responsáveis por consumir o Barão James Forrester, figura lendária na história do Vinho do Porto.

Para terminar, duas barbadas, como se diz no turfe: **o Mirante de São João da Pesqueira** 15, com uma das mais lindas visões do Douro e a **Casa Vermelha** 16 (*casavermelha.com*), com um lindo jardim e instalações gostosas, para sonharmos com tudo o que já vivemos por aqui.

DICAS DE VIAGENS

LISBOA

A capital portuguesa, mais do que nunca, reúne tradição e novidades antenadíssimas. Virou destino para descolados do mundo todo.

Como Lisboa é uma dessas capitais deliciosas que todo viajante, sabemos, vai mais de uma vez, não faz sentido olhar para ela pelo viés turístico tradicional – porque, afinal de contas, a imponente estátua do D. Pedro IV não vai sair do centro do Largo do Rossio – salvo extraordinário caso.

Vamos saltar os olhos, então, para uma Lisboa dos insiders e também mais moderna, com novidades (nem tão novas assim) com a "descolandia" **LX Factory** ❶ (*R. Rodrigues Faria, 103*), a Disneylândia dos descolados.

Colada ao Tejo, a ex-fábrica ganhou um sem fim de lojinhas, bares e cafés transados, para um passeio de tarde/noite inteira. Ao pôr do sol, dê um pulinho no rooftop Rio Maravilha, deleite-se com o belo visual dali, regado a um dos drinques autorais servidos no lugar.

Ainda no clima dos descolados, o bairro deles, hoje, em Lisboa é o Príncipe Real, com vários restaurantes e lojas legais.

❶

❷

6

5

4

3

Bater perna por ali é uma delícia, gostoso como os pratos de **A Cevicheria** ❷ (*R. Dom Pedro V, 129*), basicamente um grande balcão de mármore branco com um enorme lustre em forma de polvo, sobre ele. Do cardápio além do prato de origem peruana há tantos outros com influências portuguesa e asiática. Ainda no mesmo bairro, o **Mirante S. Pedro de Alcântara** ❸ tem um ar bucólico e, ora pois, uma vista daquela lá de cima.

Aos pontos clássicos, mas nem sempre nos roteiros: o Palácio dos Marqueses da Fronteira (Largo São Domingos de Benfica, 1), de 1671, é deslumbrante, com arquitetura e detalhes inesquecíveis; o **Museu do Azulejo** ❹ (*R. Me. Deus, 4*) é algo fora da curva. Não só mostra peças raras, mas conta a história desse ícone português; o **Museu Nacional do Coches** ❺ (*Av. da Índia, 136*) é um barato: nele estão carruagens de toda sorte, a maior parte delas usadas pela aristocracia e realeza lisboeta. Pertinho dele, dando um salto no tempo, o **Museu Maat** ❻ (*Av. Brasília, 1300*)

mistura arte, arquitetura e tecnologia; logo ali também, a **Fundação Champalimaud**❼ (*Av. Brasília, 1400*), de um colecionador milionário, fica num prédio deslumbrante às margens do Tejo. Dentro dele, um acervo de, digamos, não se jogar fora.

É verdade que nas redondezas fica a lendária confeitaria Pasteis de Belém, onde se faz o pastel de nata mais famoso da cidade. Mas não o melhor: também sempre fresquinho, com fornadas que saem toda hora, o da **Manteigaria**❽ (*R. do Loreto, 2*), no coração do bairro Chiado, é uma perdição. Ainda mais leve, embora muito saboroso.

Falando em sabor, o chef José Avillez, que ficou conhecido no Brasil ao participar do programa Global O Mestre do Sabor, tem várias casas em Lisboa. O Cantinho do Avillez (R. Duques de Bragança, 7) é o mais charmoso, o

Belcanto é o mais gastronômico e o Patio, um complexo com vários restaurantes, é o mais democrático.

Para badalar (reserve antes), vá ao **Jncquoi**⑨ (*Av. da Liberdade, 182, jncquoi.com*), lindo, para ver e ser visto (e comer bem também); para tapas, o **Tapisco**⑩ (*R. Dom Pedro V, 81*); para peixes, **Aqui há peixe**⑪ (*R. Trindade, 18*); para o clássico-elegante (e croquetes!), **Gambrinus**⑫ (*R. das Portas de Santo Antão, 23*); para tradição, **Bica do Sapato** (*Av. Infante Dom Henrique Armazém B*).

Uma incursão das mais exóticas, boa para contar histórias depois, é na **Pensão do Amor**⑬ (*R.do Alecrim, 19*), o bar/balada que foi um bordel tempos atrás e mantém suas características originais. Está sempre bombando.

Enfim, as hospedarias mais faladas da cidade hoje são: o **Memmo Príncipe Real** (*memmohotels.com*), hotel boutique supersimpático; o **Verride Palácio Santa Catarina** (*verridesc.pt*), num imponente palácio de 1700; o **Pestana CR7**⑭ (*pestanacr7.com*), inaugurado há um tempinho, muito bem localizado na Baixa lisboeta e com todas as características que os jogadores de futebol, como o dono Cristiano Ronaldo, costuma adorar – se é que você me entende.

OS MELHORES

MELHORES DO ANO

Melhor Tinto

CHRYSEIA 2015

CHRYSEIA, DOURO | MISTRAL
(PAG. 106)

Aqui a palavra de ordem é precisão. Esbanja equilíbrio entre fruta negra de qualidade, acidez refrescante e taninos de grãos finíssimos.

Melhor Branco

BUÇACO RESERVADO BRANCO 2014

PALACIO DO BUÇACO, BAIRRADA | MISTRAL

(PAG. 156)

Um clássico, onde madurez, untuosidade e cremosidade caminham juntas, com tensão, frescor e firmeza.

Melhor Espumante

VÉRTICE MILLÉSIME BRUT 2011

CAVES TRANSMONTANAS, DOURO | ADEGA ALENTEJANA **(PAG. 105)**

Muito bem feito no estilo mais vinoso e estruturado, com as notas tostadas, de padaria e de frutos secos envolvendo o conjunto.

Melhor Rosé

SOALHEIRO ROSÉ ALVARINHO & PINOT NOIR 2018

SOALHEIRO, MINHO | MISTRAL
(PAG. 218)

Os aromas, delicados, revelam, além da esperada fruta vermelha a nota mineral característica da Alvarinho.

Melhor Fortificado

CROFT VINTAGE PORT 2017

CROFT, DOURO | LA PASTINA (PAG. 109)

Chama atenção pela acidez vibrante, pelos taninos firmes, mas principalmente pela profundidade e persistência.

A modernidade arquitetônica da Herdade do Rocim mescla-se com a tradição ancestral da produção em ânforas

MELHORES POR REGIÃO

Melhor Alentejo

HERDADE DO ROCIM
CLAY AGED TINTO 2017
HERDADE DO ROCIM | WORLD WINE
(PAG. 129)

Incrível força em um vinho que vai durar muito, apesar de delicioso e instigante hoje.

Melhores Do Alentejo

SCALA COELI 2015
FUNDAÇÃO EUGÊNIO DE ALMEIDA - CARTUXA | ADEGA ALENTEJANA
(PAG. 120)

OLHO DE MOCHO RESERVA
SINGLE VINEYARD 2016
HERDADE DO ROCIM | WORLD WINE
(PAG. 129)

Melhor Bairrada

BUÇACO RESERVADO BRANCO 2014
PALACIO DO BUÇACO | MISTRAL
(PAG. 156)

Branco composto de Encruzado, Maria Gomes e Bical, com estágio em grandes barris de carvalho. Preciso, fluido e com longa vida pela frente.

Melhores da Bairrada

BUÇACO RESERVADO TINTO 2011
PALACIO DO BUÇACO | MISTRAL
(PAG. 156)

FREI JOÃO RESERVA 2013
CAVES SÃO JOÃO | VINCI
(PAG. 102)

O Palácio do Buçaco tem torres e pórticos que rementem à Torre de Belém e ao Mosteiro dos Jerônimos em Lisboa

Melhor Dão

CARROCEL 2012

QUINTA DA PELLADA | MISTRAL

(PAG. 177)

Num estilo de frutas vermelhas e negras mais maduras, mas também fresco, tenso, vibrante, chamando atenção pela acidez e taninos de ótima textura.

QUINTA DA PELLADA PRIMUS 2015

QUINTA DA PELLADA | MISTRAL

(PAG. 177)

É na boca que merece atenção, com sua acidez vibrante, sua textura tensa e firme e seu final carnudo e profundo, com toques cítricos e salinos.

Melhores do Dão

RIBEIRO SANTO GRANDE ESCOLHA 2012
MAGNUM VINHOS | WINEBRANDS
(PAG. 143)

RIBEIRO SANTO VINHA DA NEVE BRANCO 2014
MAGNUM VINHOS | WINEBRANDS
(PAG. 144)

RIBEIRO SANTO VINHA DA NEVE TINTO 2012
MAGNUM VINHOS | WINEBRANDS
(PAG. 144)

QUINTA DA FALORCA GARRAFEIRA OLD VINES 2011
QUINTA DA FALORCA | WORLD WINE
(PAG. 172)

QUINTA DA ALAMEDA SANTAR RESERVA ESPECIAL 2014
ALAMEDA DE SANTAR | EDEGA
(PAG. 87)

Melhor Douro

CHRYSEIA 2015
CHRYSEIA | MISTRAL
(PAG. 106)

Cheio de camadas
e de profundidade,
tem final com
toques de grafite
e de violetas,
que pedem um
segundo gole.

Melhores do Douro

QUINTA DOS MURÇAS VV47 2013
QUINTA DOS MURÇAS |
QUALIMPOR
(PAG. 209)

XISTO 2015
ROQUETTE & CAZES |
QUALIMPOR
(PAG. 215)

Melhores do Douro

DUORUM O. LEUCURA RESERVA 2012
DUORUM | CASA FLORA
(PAG. 112)

DUORUM RESERVA OLD VINES 2017
DUORUM | CASA FLORA
(PAG. 112)

POÇAS SÍMBOLO 2015
POÇAS | CANTU
(PAG. 160)

BOA-VISTA RESERVA 2015
QUINTA DA BOAVISTA | WINEBRANDS
(PAG. 167)

QUINTA DA BOAVISTA VINHA DO ORATÓRIO 2015
QUINTA DA BOAVISTA | WINEBRANDS
(PAG. 168)

QUINTA DA BOAVISTA VINHA DO UJO 2014
QUINTA DA BOAVISTA | WINEBRANDS
(PAG. 168)

QUINTA DO CRASTO RESERVA VINHAS VELHAS 2016
QUINTA DO CRASTO | QUALIMPOR
(PAG. 194)

MONTE MEÃO TOURIGA NACIONAL 2013
QUINTA DO VALE MEÃO | MISTRAL
(PAG. 206)

QUINTA DOS MURÇAS MARGEM 2017
QUINTA DOS MURÇAS | QUALIMPOR
(PAG. 209)

Melhor Lisboa

QUINTA DO MONTE D'OIRO RESERVA 2010

QUINTA DO MONTE D'OIRO | MISTRAL (PAG. 197)

Refinado e classudo, mostra notas especiadas, florais, defumadas e de couro envolvendo toda sua fruta, lembrando ameixas e amoras maduras. Está em seu auge.

Melhor Minho

COVELA FANTÁSTICO BRANCO 2014

QUINTA DE COVELA | WINEBRANDS (PAG. 186)

Apesar de ainda estar muito jovem, chama atenção pela ótima acidez e por sua deliciosa e cremosa textura, que trazem sustentação e firmeza ao conjunto.

A Quinta dos Murças não tem a imagem tradicional do Douro, sendo a primeira quinta a ter vinhedos "verticais" na região, conhecidas por "vinhas ao alto"

Melhor Porto

CROFT VINTAGE PORT 2017

CROFT, DOURO | LA PASTINA
(PAG. 109)

Violetas, algo de especiarias doces, sútil esteva, tudo em meio a muitas frutas negras lembrando ameixas e amoras.

Melhores do Porto

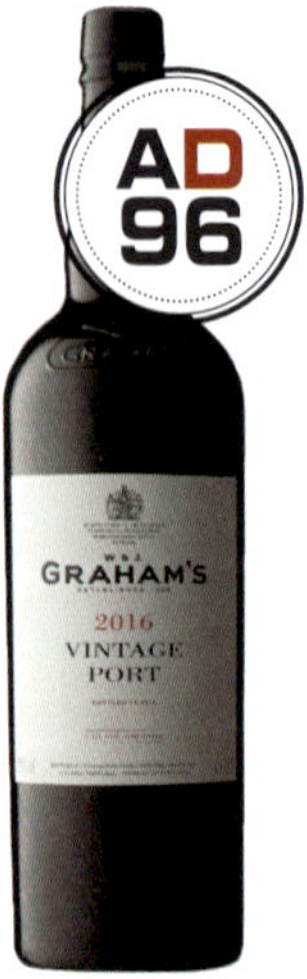

GRAHAM'S VINTAGE PORT 2016

GRAHAM'S | MISTRAL
(PAG. 122)

KROHN PORTO VINTAGE 1965

WIESE & KROHN | WORLD WINE
(PAG. 232)

Melhores do Porto

CROFT VINTAGE PORT 2016
CROFT | LA PASTINA
(PAG. 109)

CROFT VINTAGE PORT 2011
CROFT | LA PASTINA
(PAG. 110)

QUINTA DO CRASTO PORTO COLHEITA 2000
QUINTA DO CRASTO | QUALIMPOR
(PAG. 194)

QUINTA DO VALE MEÃO VINTAGE PORT 2014
QUINTA DO VALE MEAO | MISTRAL
(PAG. 205)

TAYLORS 40 YEARS OLD TAWNY PORT
TAYLOR'S | QUALIMPOR
(PAG. 225)

KROHN PORTO COLHEITA 2007
WIESE & KROHN | WORLD WINE
(PAG. 233)

KROHN PORTO COLHEITA 1996
WIESE & KROHN | WORLD WINE
(PAG. 233)

OS VINHOS

ADEGA DE BORBA

Região:
Alentejo
Enólogo:
Oscar Gato
Site: www.adegaborba.pt
Enoturismo:
Importadora: Adega Alentejana

Fundada em 1955, a Adega Cooperativa de Borba teve um papel importante para a ascensão do setor vitivinícola na economia regional, em uma época em que a região do Alentejo estava voltada principalmente para a cultura de cereais. Atualmente, a Adega de Borba reúne 270 viticultores associados, que cultivam cerca de 2.200 hectares de vinhas, distribuídos aproximadamente em 70% de castas tintas e 30% de castas brancas.

AD 91

Adega de Borba Rótulo de Cortiça Reserva Branco 2016

BRANCO | ALENTEJO | $$$

Merecem atenção as notas florais e herbáceas que envolvem os aromas de frutas cítricas e tropicais mais frescas, seguidas de notas amanteigadas e de especiarias doces. Estruturado e gostoso de beber, tem bom volume de boca, textura cremosa, acidez vibrante e final persistente, com toques salinos e de lima da pérsia.

AD 91

Adega de Borba Rótulo de Cortiça Reserva Tinto 2015

TINTO | ALENTEJO | $$$

Um belo alentejano no estilo velha escola, com seus taninos arenosos e sua acidez refrescante envolvendo toda sua fruta. As notas terrosas, tostadas, de ervas e de flores dão o toque de complexidade nesse tinto de perfil gastronômico, que precisa de mais 5 anos de garrafa para mostrar a que veio.

AD 90 — Adega de Borba Premium 2014

TINTO | ALENTEJO | $$$

Gostoso de beber em sua rusticidade, tem taninos firmes e acidez refrescante, que equilibram toda sua fruta negra, lembrando ameixas. Tem final persistente e cheio, com toques terrosos.

ADEGA DE SILGUEIROS

Região:
Dão
Enólogo:
Miguel Oliveira
Site: www.adegasilgueiros.pt
Enoturismo: -
Importadora: Adega Alentejana e La Pastina

A Adega Cooperativa de Silgueiros iniciou suas atividades em 1964, dois anos após sua fundação (1962) e atualmente possui cerca de 2.000 sócios. Situada na região de Silgueiros, que pertence ao concelho de Viseu (Dão), a vinícola produz um portfólio composto por vinhos tintos, brancos e rosés, comercializados em garrafas convencionais e em embalagens "bag in box".

AD 91 — Aldeias das Serras Touriga Nacional Tinto 2014

TINTO | DÃO | $$

Tinto elaborado exclusivamente a partir de Touriga Nacional, com estágio de 10 meses em barricas de carvalho francês. Refinado e » agradável, mostra a cepa de um modo mais fresco e austero, com as típicas notas florais escoltando os aromas de cassis e de ameixas, que se confirmam no palato. Estruturado e vertical, tem vibrante acidez, taninos cheios de textura e final persistente, com toques especiados e de tinta nanquim.

AD 91 | **Morgado de Silgueiros Touriga Nacional 2014**

TINTO | DÃO | $$$

Mostra as típicas notas florais da variedade envolvendo toda sua fruta, lembrando ameixas e mirtilos. Mas, é no palato que merece atenção, com sua acidez refrescante e seus taninos firmes e arenosos, que trazem tensão ao conjunto e convidam a uma segunda taça. Tem final suculento e persistente, com toques de chocolate e de especiarias doces.

AD 90 | **Aldeias das Serras Encruzado Branco 2018**

BRANCO | DÃO | $$

Sedutor nos aromas, mostra frutas brancas e de caroço maduras, acompanhadas por notas florais, de ervas e de especiarias doces. Fluido e de textura cremosa, tem acidez refrescante e final agradável, com toques salinos, de anis e de maçãs frescas.

AD 90 | **Aldeias das Serras Reserva TInto 2014**

TINTO | DÃO | $$

Sempre consistente, mostra acidez refrescante e taninos tensos, que envolvem toda sua fruta vermelha e negra de perfil mais fresco. As notas terrosas, florais e de especiarias trazem certa complexidade ao conjunto.

AD 90

Morgado de Silgueiros Reserva Tinto 2014

TINTO | DÃO | $$$

Redondo e cativante, mostra frutas negras mais frescas envoltas por notas florais, terrosas, de ervas secas e de especiarias doces, tudo equilibrado por taninos de boa textura, vibrante acidez e final agradável e fluido, confirmando o nariz. Para as carnes ensopadas.

AD 89

Morgado de Silgueiros Branco 2018

BRANCO | DÃO | $$

Branco composto de Encruzado e Malvasia Fina, sem passagem por madeira. Mostra frutas brancas e de caroço seguidas de notas florais, de ervas e de especiarias picantes. Refrescante e fácil de entender, tem ótima acidez, gostosa textura e final agradável, com toques salinos e cítricos.

AD 89

Morgado de Silgueiros Tinto 2017

TINTO | DÃO | $$

Gostoso e gastronômico em sua rusticidade, mostra ameixas e cerejas seguidas de notas terrosas e de especiarias, que se confirmam na boca. Tem acidez refrescante, taninos firmes e final médio, que pede a companhia de embutidos.

>>

AGRÍCOLA ENCOSTAS DE SONIM

Região:
Trás-os-Montes
Enólogo:
Francisco Montenegro
Site: www.encostasdesonim.pt
Enoturismo:
Importadora: O Português

Encostas de Sonim é um projeto lançado por Fernando Pessoa. Após anos de dedicação à cultura da vinha, Fernando decidiu criar sua própria marca e dar ao vinho o nome de Encostas de Sonim (homenagem à sua terra natal Sonim). As vinhas da propriedade são compostas pelas variedades tintas Touriga Nacional, Touriga Francesa, Sousão, Tinto Cão, Trincadeira e Bastardo e pelas brancas Viosinho, Côdega de Larinho, Verdelho e Arinto.

AD 89 | **Encostas de Sonim Reserva 2017**

TINTO | TRÁS-OS-MONTES | **$$**

Cheio de frutas vermelhas e negras acompanhadas de notas florais, de ervas e de especiarias doces. Frutado, tem acidez refrescante, taninos de boa textura e final agradável, com toques tostados e de bauniha.

ALAMEDA DE SANTAR

Região:
Dão
Enólogo:
Carlos Lucas
Site: www.alameda.pt
Enoturismo: -
Importadora: Edega

Localizada em um dos pontos mais altos da vila de Santar, no Dão, a Quinta da Alameda produz vinhos desde a década de 1950, embora tenha realizado o engarrafamento e comercialização no período de 1989 até 2006. Em 2012, a propriedade de cerca de 24 hectares, dos quais 15 são ocupados por vinhas, passou por uma reestruturação com os novos proprietários, Luís Abrantes (empresário do setor mobiliário) e Carlos Lucas (renomado enólogo português), com a remodelação do patrimônio edificado, a preservação de uma área com vinhas velhas e a plantação de vinhas novas com as castas tintas Touriga Nacional, Alfrocheiro, Tinta Roriz e Tinto Cão e as brancas Encruzado, Malvasia-Fina e Cerceal. A vinha de Jaen, que dá origem ao varietal Quinta da Alameda Santar Jaen, foi plantada em 2007 em um solo granítico/arenoso.

AD 94

Quinta da Alameda Santar Reserva Especial 2014

TINTO | DÃO | $$$$

Vertical e estruturado, impressiona pela tensão do conjunto, tudo em meio a muita fruta negra de qualidade, acidez refrescante e taninos de grãos finos. Austero e fluído, tem final longo e cheio, com toques terrosos, salinos, de cassis e de grafite. Um Dão de fina estirpe, ainda muito jovem, que deve ficar melhor no decorrer dos próximos 20 anos.

AD 92

Quinta da Alameda Santar Jaen 2015

TINTO | DÃO | $$$$

Chama atenção pelo equilíbrio do conjunto, tudo em meio a muita fruta negra madura, sustentada por gostosa acidez, taninos firmes e tensos e final suculento e persistente, com toques terrosos, florais e de ameixas. Fluido e gostoso de beber, ainda está jovem e tem tudo para ficar ainda melhor nos próximos 5 anos.

ALMENDRA

Região:
Douro
Enólogo:
António Magalhães Ribeiro
Site: -
Enoturismo: -
Importadora: La Pastina

Almendra é uma marca criada pela importadora La Pastina em parceria com a empresa Casa Agrícola Roboredo Madeira (CARM). Elaborados na região do Douro e com a assinatura do enólogo Antonio Ribeiro, são produzidos três rótulos, o Almendra, nas versões de branco e tinto, e o Almendra Reserva tinto.

AD 91

Almendra Reserva Tinto 2015

TINTO DOURO **$$$**

Bem feito nesse estilo de frutas negras mais maduras, lembrando cassis e amoras, mas com acidez refrescante e taninos firmes que trazem sustentação ao conjunto. Tem final carnudo, com toques de grafite e de alcaçuz.

AD 90

Almendra Branco 2016

BRANCO DOURO **$$**

Fresco, fácil de beber e de agradar, mostra notas de camomila, de hortelã e de flores permeando sua fruta branca e de caroço, tudo equilibrado por gostosa acidez, textura cremosa e final agradável, com toques salinos e de limão siciliano.

AD 90

Almendra Tinto 2015

TINTO DOURO $$

Muito em linha com o perfil fluido e frutado de seu irmão branco, apresenta profusão de frutas vermelhas maduras acompanhadas de notas florais e de especiarias doces, que se confirmam na boca. Tem gostosa acidez, taninos macios e final suculento e sedutor.

ALVES VIEIRA

Região:
Alentejo
Enólogos:
Catarina Vieira e Pedro Ribeiro
Site. -
Enoturismo: -
Importadora: La Pastina

Alves & Vieira é uma marca desenvolvida através de uma parceria da importadora La Pastina e a vinícola Herdade do Rocim. O portfólio apresenta três vinhos, todos produzidos na região do Alentejo, e engloba uvas nacionais e internacionais, como a Syrah, Alicante Bouschet, Touriga Nacional, Petit Verdot e Trincadeira, para as tintas, e Antão Vaz, Fernão Pires e Roupeiro, para as brancas. Os responsáveis técnicos são os enólogos Catarina Vieira e Pedro Ribeiro. »

AD 90

Alves Vieira Alicante Bouschet Trincadeira Touriga Nacional 2018

TINTO ALENTEJO $$

Fresco, frutado e gostoso de beber, aqui menos é mais. Mostra ameixas e cerejas maduras acompanhadas de notas florais e de especiarias doces. Tem taninos aveludados, acidez na medida e final médio e cativante, pedindo uma segunda taça.

AD 90

Alves Vieira Reserva 2015

TINTO ALENTEJO $$$

Mostra notas tostadas, florais e de especiarias doces envolvendo sua fruta negra, lembrando ameixas e amoras. De corpo médio, tem acidez refrescante, taninos firmes e de boa textura e final cheio, com toques de chocolate e de baunilha. Bem feito nesse estilo em que a madeira tem um papel um pouco mais importante.

AD 89

Alves Vieira Antão Vaz Fernão Pires Roupeiro 2018

BRANCO ALENTEJO $$

Fácil de beber e de agradar, mostra frutas brancas e de caroço acompanhadas de notas florais e de ervas, tudo sustentado por acidez refrescante, textura cremosa e final médio, com toques salinos e cítricos.

BLANDY'S

Região:
Madeira
Enólogo:
Francisco Albuquerque
Site: www.blandys.com
Enoturismo:
Importadora: Mistral

Fundada em 1811 por John Blandy, a família Blandy, de todos fundadores originais do comércio de vinhos da Madeira, é a única que ainda administra a própria empresa (são mais de 200 anos na gestão da propriedade). Em 1989, a Blandy's realizou uma parceria, que continua até hoje, com o grupo Symington dando origem à Madeira Wine Company (MWC). Atualmente, Michael Blandy e Chris Blandy (CEO), sexta e sétima geração da família, estão à frente da MWC.

AD 92

5 Years Old Dry Sercial

FORTIFICADO MADEIRA **$$$$**

Fresco e seco, mostra profusão de notas florais e cítricas, além de toques de frutos secos, tudo equilibrado por gostosa acidez, textura cremosa e final longo e cheio, com toques salinos.

AD 92

5 Years Old Malmsey Rich

FORTIFICADO MADEIRA **$$$$**

Um ótimo exemplo do estilo rich, cheio de frutos secos e em compota, bem equilibrados por acidez refrescante e textura firme. Tem final longo e cheio, com toques florais, salinos e de cacau. »

AD 91

5 Years Old Bual Medium Dry

FORTIFICADO MADEIRA **$$$$**

Chama atenção pela pulsante acidez que equilibra toda sua fruta em calda, lembrando figos e tâmaras. Tem textura cremosa e final persistente, com toques salinos e de frutos secos, que convidam a um segundo gole.

AD 91

5 Years Old Verdelho

FORTIFICADO MADEIRA **$$$$**

Mostra notas defumadas, de ervas secas e de flores, tanto no nariz quanto na boca, tudo equilibrado por acidez refrescante, textura cremosa e final cheio com toques salinos e de frutos secos.

AD 90

Rainwater Medium Dry

FORTIFICADO MADEIRA **$$$$**

Mostra bom equilíbrio entre acidez e doçura, tudo envolto por notas de caramelo e de frutos secos, que convidam a uma segunda taça.

AD 89

Duke of Clarence Rich

FORTIFICADO MADEIRA **$$$$**

Mostra notas de frutos secos e de castanha portuguesa, tanto no nariz quanto na boca, mas bem equilibradas por acidez vibrante e textura firme e cremosa. Sirva-o mais resfriado na companhia de marrom-glacê.

CARM

Região:
Douro
Enólogo:
António Magalhães Ribeiro
Site: www.carm.pt
Enoturismo:
Importadora: World Wine

A Casa Agrícola Roboredo Madeira (CARM) é uma empresa familiar com a atividade agrícola centrada na região do Douro. O grupo possui cerca de 220 hectares de olivais e 62 hectares de vinhas, estabelecidas ao redor da aldeia de Almendra, na zona do Douro Superior, dentro da Reserva Arqueológica do Vale do Côa. Atualmente, a CARM é administrada por Filipe Roboredo Madeira e o enólogo, desde 2002, é António Magalhães Ribeiro. Além de CARM, o portfólio do grupo abrange as marcas Vinha da Urze, Vinha do Bispado, Almendra (Family Winery Almendra) e Marquês D'Almeida.

AD 93

CARM CM 2013

TINTO DOURO $$$$$

Um grande vinho e um vinho grande em todos os aspectos. Fruta madura e em compota, taninos firmes e acidez refrescante, tudo mostrado de forma concisa e fluida. Muito bem feito nesse estilo mais opulento e de perfil de maior madurez. Jovem, muito jovem, tem todos os requisitos para ficar ainda melhor no decorrer dos próximos 10 anos. »

AD 93

CARM Maria de Lourdes Tinto 2015

TINTO | DOURO | $$$$

Estruturado e denso, esbanja frutas negras maduras, lembrando cassis e amoras, mas aqui bem equilibradas por taninos firmes e acidez refrescante. As notas de alcaçuz, de flores e de ervas secas conferem complexidade a esse vinho que ainda está jovem e tem tudo para ficar ainda melhor nos próximos 10 anos. Um ótimo exemplo de vinho potente, untuoso e também refinado.

AD 92

CARM Reserva Tinto 2016

TINTO | DOURO | $$$

Austero no nariz, mostra notas de ervas e de especiarias envolvendo sua fruta negra, lembrando cassis e amoras. Mas, é na boca que merece atenção, com sua acidez vibrante, seus taninos tensos e final persistente, com toques salinos e de grafite.

AD 91

CARM Rabigato 2016

BRANCO | DOURO | $$$

Num perfil de frutas brancas e de caroço mais maduras bem equilibradas por gostosa acidez, textura firme e cremosa e final persistente, com toques florais, cítricos, salinos e de ervas frescas.

AD 91 | CARM Tinto 2016

TINTO | DOURO | $$$

Apresenta notas tostadas, terrosas e de especiarias envolvendo toda fruta lembrando ameixas e mirtilos. De médio corpo, tem acidez vibrante, taninos firmes e de grãs finos e final persistente, confirmando o nariz.

AD 90 | CARM Rabigato Códega do Larinho Viosinho 2016

BRANCO | DOURO | $$$

Mostra frutas brancas e de caroço maduras seguidas de notas florais e de ervas. No palato, tem bom volume, acidez refrescante e final agradável, com toques salinos e cítricos.

CARMIM

Região:
Alentejo
Enólogo:
Rui Veladas
Site: www.carmim.eu
Enoturismo:
Importadora: Casa Flora

Instituída em 1971 por um grupo de 60 viticultores, a Cooperativa Agrícola de Reguengos de Monsaraz (CARMIN) dispõe de cerca de »

850 associados, constituindo aproximadamente 3.600 hectares de vinhas. Uma das maiores vinícolas de Portugal, com exportação para mais de 34 países, engloba a produção de vinhos (tintos, brancos, rosés, espumantes e fortificados), bem como azeites e aguardentes. Compreende entre as marcas de vinho do grupo CARMIN, a Garrafeira dos Sócios, Bom Juiz, Régia Colheita, Monsaraz, Reguengos, Terras d'el Rei e Olaria, entre outras.

AD 93

Reguengos Garrafeira dos Sócios 2014

TINTO | ALENTEJO | **$$$$**

Redondo e refinado, mostra frutas negras e vermelhas de perfil mais fresco, seguidas de notas florais, de ervas e de especiarias doces, que se confirmam na boca. Gastronômico, tem bom volume, acidez vibrante, taninos arenosos e firmes e final persistente, com toques terrosos, de amoras, de ameixas e de alcaçuz. Bem elaborado nesse estilo velha escola, ainda está jovem e deve ficar ainda melhor no decorrer dos próximos 10 anos.

AD 90

Bom Juiz Reserva 2015

TINTO | ALENTEJO | **$$$**

Fácil de beber e de agradar, mostra notas florais, terrosas e de especiarias doces permeando toda sua fruta, lembrando ameixas e amoras. Gastronômico, tem acidez refrescante, taninos firmes, que pedem a companhia de comida e final cheio, com toques de cacau e de alcaçuz. Para as carnes ensopadas.

AD 90

Regia Colheita Reserva Branco 2018

BRANCO | ALENTEJO | **$$$**

Cativante e gostoso de beber, mostra frutas brancas e de caroço maduras acompanhadas de notas florais, de ervas e de especiarias doces. No palato, tem acidez refrescante, textura agradável e final médio, com toques salinos e de abacaxi.

AD 90 | **Regia Colheita Reserva Tinto 2017**

TINTO ALENTEJO **$$$**

Carnudo e opulento, esbanja frutas negras maduras e em compota, equilibradas por taninos firmes e boa acidez, que trazem sustentação ao conjunto. Tem final cheio, com toques terrosos e de alcaçuz. Uma versão quente e exuberante desse clássico alentejano.

CASA RELVAS

Regiões:
Alentejo e Minho
Enólogo:
Nuno Franco
Site: www.casarelvas.pt
Enoturismo: 🍷
Importadora: Cantu

Com uma tradição familiar de cinco geraçoes no setor do agronegócio, Alexandre Relvas fundou a Casa Agrícola Alexandre Relvas em 1997. Em pouco mais de duas décadas a família administra cerca de 750 hectares de florestas de montado, 250 hectares de olivais e 350 hectares de vinhas, 100% em produção integrada. Com três herdades na região de Alentejo (Herdade de São Miguel, Herdade da Pimenta e Herdade dos Pisões), o grupo produz anualmente 6 milhões de garrafas de vinho, exportando aproximadamente 70% para mais de 30 países. »

AD 93 — Art.Terra Curtimenta 2017

BRANCO | ALENTEJO | $$$

No estilo laranja, esse branco é fermentado com as peles. Mostra notas florais, terrrosas, de ervas e de especiarias, tanto no nariz quanto na boca. Chama atenção pela textura firme e pela acidez refrescante, que trazem sustentação a todo seu corpo. Tem final suculento e agradável, com toques salinos e de tangerina. Um laranja surpreendentemente polido e refinado.

AD 93 — Herdade São Miguel Private Collection 2014

TINTO | ALENTEJO | $$$$$

Austero no nariz, tenha paciência com ele na taça. Com o passar do tempo, mostra notas de violetas, de ervas, de especiarias doces e de frutas negras maduras e em compota. Encorpado e potente, tem acidez vibrante, taninos firmes e de grãos finos e final longo e persistente, com toques de grafite e de alcaçuz. Um ótimo exemplo de que vinhos grandiosos e concentrados podem também ser refinados e precisos. Ainda está jovem e tem tudo para ficar ainda melhor no decorrer dos próximos 10 anos.

AD 92 — Art.Terra Amphora 2017

TINTO | ALENTEJO | $$$

Tinto composto de Aragonês, Moreto e Trincadeira, elaborado com a mínima intervenção e inspirado nos métodos ancestrais de vinificação em ânforas de barro, muito comum no passado do Alentejo. Mais de boca que de nariz, é tenso e suculento, tudo em meio a muita fruta negra e vermelha fresca, taninos cheios de textura e vibrante acidez. As notas florais, terrosas, de ervas aportam certa complexidade ao conjunto, pedindo um segundo gole. Fluido e vertical, esconde atrás da facilidade com que se bebe, a força e a persistência de um grande vinho.

AD 92

Herdade São Miguel Escolha dos Enólogos Tinto 2017

TINTO | ALENTEJO | **$$$**

Muito bem feito nesse estilo de fruta negra madura, com ótima acidez e taninos firmes e de boa textura, que conferem sustentação ao conjunto. Tem final cheio e persistente, com toques terrosos, especiados e de cassis. Ainda está jovem e tem tudo para ficar ainda melhor nos próximos 5 anos.

AD 92

Herdade São Miguel Reserva Tinto 2015

TINTO | ALENTEJO | **$$$$**

Carnudo e untuoso, mostra ameixas e amoras maduras bem equilibradas por taninos firmes e refrescante acidez. Tem final cheio e longo, com toques de grafite e de alcaçuz. As notas especiadas, terrosas, florais e de ervas secas aparecem tanto no nariz quanto na boca e conferem ainda mais complexidade ao vinho.

AD 90

Herdade São Miguel Colheita Selecionada Branco 2017

BRANCO | ALENTEJO | **$$**

Fresco e cativante, mostra notas de erva cidreira, de flores e de camomila envolvendo toda sua fruta branca e de caroço. De corpo médio, tem ótima acidez, textura cremosa e firme e final agradável, com toques salinos e de limão siciliano.

>>

AD 90

Herdade São Miguel Colheita Selecionada Rosé 2018

ROSÉ | ALENTEJO | $$

Frutado, mostra frutas brancas e vermelhas mais frescas seguidas de notas florais, terrosas e de ervas. Chama atenção pela acidez refrescante e pela textura firme, que traz fluidez e projeção ao vinho. Grata surpresa nesse rosado versátil e gastronômico.

AD 90

Herdade São Miguel Touriga Nacional 2015

TINTO | ALENTEJO | $$$

De boa tipicidade, mostra notas florais, de ervas e de especiarias doces envolvendo toda sua fruta negra madura. Carnudo, tem taninos de boa textura, refrescante acidez e final cheio e persistente, com toques de ameixas e de alcaçuz.

AD 89

Herdade São Miguel Colheita Selecionada Tinto 2018

TINTO | ALENTEJO | $$

Mostra ameixas e amoras maduras seguidas de notas florais, terrosas e de especiarias doces, mas tem boa acidez e taninos firmes e de ótima textura, que trazem equilíbrio ao conjunto.

AD 88 **Ciconia Rosé 2018**
ROSÉ | ALENTEJO | $$

AD 88 **Ciconia Touriga Nacional Syrah Aragonez 2018**
TINTO | ALENTEJO | $$

AD 87 **Ciconia Vinho Verde Branco 2018**
BRANCO | MINHO | $$

CASA SANTOS LIMA

Regiões:
Lisboa, Algarve, Alentejo, Douro e Minho
Enólogo:
Diogo Sepúlveda

Site: www.casasantoslima.com/pt
Enoturismo:
Importadora: Cantu

Joaquim Santos Lima fundou, no final do século XIX, a empresa de vinhos Santos Lima. Em 1990, Maria João Santos Lima e José Luís Santos Lima Oliveira da Silva (neta e bisneto do fundador) relançaram a empresa, procedendo à replantação de boa parte dos vinhedos e investindo na modernização da estrutura produtiva. A companhia, que se dedica à produção, engarrafamento e comercialização de vinhos portugueses, está presente em 5 regiões de Portugal (Lisboa, Algarve, Alentejo, Douro e Minho). Hoje é um dos principais exportadores de vinho do país e, só na região de Lisboa, é responsável pela produção de cerca de 40% de todo o vinho certificado.

AD 89

Bons Ventos Douro Tinto 2015

TINTO | DOURO | **$$**

Esbanja frutas negras maduras, lembrando ameixas e amoras, seguidas de notas florais, terrosas e de ervas secas, que se confirmam na boca, tudo sustentado por refrescante acidez e taninos de boa textura.

AD 87

Bons Ventos Vinho Verde 2018
BRANCO | MINHO | **$**

CAVES SÃO JOÃO

Regiões:
Bairrada, Dão e Beira Interior
Enólogo:
José Carvalheira
Site: www.cavessaojoao.com
Enoturismo:
Importadora: Vinci

Instituída em 1920, pelos irmãos José, Manuel e Albano Costa, a Caves São João, no início, dedicava-se à comercialização de vinhos finos do Douro e licores. Na década de 30, com a interdição da produção dos vinhos do Porto fora de Vila Nova de Gaia, a empresa começou a comercializar vinhos de mesa da Bairrada e, nesse mesmo período, iniciou também a produção de espumantes naturais pelo método "champanhês". Em 2020, a instituição completa cem anos, constituindo-se na empresa familiar mais antiga ainda em atividade no concelho de Anadia.

AD 94 | **Frei João Reserva 2013**

TINTO | BAIRRADA | **$$$$**

Um Baga raiz, com taninos firmes, acidez pulsante e muita fruta negra madura no ponto certo. As notas terrosas e de especiarias doces aportam complexidade ao conjunto. Um bebê, que tem longa vida pela frente, seguramente mais 20 anos.

AD 92 | **Caves São João Baga Touriga Nacional 2014**

TINTO | BAIRRADA | **$$$$**

Mostra perfil de frutas negras mais maduras acompanhadas por notas florais, de ervas, de alcaçuz e de especiarias doces, tanto no nariz quanto na boca. Chama atenção pelos taninos firmes e de grãos finos e pela acidez vibrante, que conferem fluidez ao vinho.

AD 91 — Porta dos Cavaleiros Reserva 2012

TINTO | DÃO | $$$$

Delicioso em sua rusticidade, tem taninos firmes e pulsante acidez, que envolvem toda sua fruta vermelha de perfil mais fresco. Gastronômico por natureza, é impossível pensar nele longe da mesa, melhor ainda se for na companhia de carnes vermelhas ensopadas.

AD 91 — Frei João Clássico Branco 2015

BRANCO | BAIRRADA | $$$$

Notas florais e de ervas envolvem toda sua fruta branca e de caroço madura. Tem acidez pulsante, textura cremosa e final cheio e persistente, com toques salinos e cítricos. Um branco no estilo "velha escola", que aparenta ser menos complexo do que realmente é.

AD 91 — Porta dos Cavaleiros Tinto 2012

TINTO | DÃO | $$$

Tinto composto de 45% Touriga Nacional, 35% Tinta Roriz e 20% Alfrocheiro, com estágio de 20% do vinho em barricas de carvalho francês. Dão de carteirinha, mostra frutas vermelhas e negras de perfil mais fresco, acompanhadas de notas florais e de ervas secas, além de toques de couro e de especiarias. Vibrante, tem ótima acidez, taninos de grãos finos e final agradável, com toques terrosos.

AD 90 — Frei João Colheita Tinto 2014

TINTO | BAIRRADA | $$$

Um dos mais tradicionais tintos da Bairrada, é composto de 65% Baga e 35% Touriga Nacional, com estágio de 8 meses em barricas de carvalho. Reputado por sua capacidade de envelhecer bem, está novo ainda, mas já muito agradável de beber. Mostra frutas negras de perfil mais fresco escoltadas por taninos granulados e vibrante acidez. Gastronômico por natureza, tem final persistente e profundo, com toques terrosos, especiados e de ervas secas. >>

AD 89

Dão Porta dos Cavaleiros Branco 2017

BRANCO | DÃO | $$$

Num estilo gastronômico, mostra notas florais e de ervas envolvendo sua fruta cítrica e branca madura. Tem boa acidez e textura firme, que trazem certo equilíbrio ao conjunto.

AD 89

Frei João Branco 2015

BRANCO | BAIRRADA | $$$

Esbanja frutas brancas e de caroço maduras acompanhadas de notas florais, de mel e de especiarias doces, tanto no nariz quanto na boca. Tem acidez refrescante e textura firme e cremosa, que equilibram toda essa madurez.

AD 88

Irmãos Unidos Tinto NV
TINTO | BEIRA INTERIOR | **$$**

CAVES TRANSMONTANAS

Região:
Douro
Enólogo:
Celso Pereira
Site: www.dourovertice.pt
Enoturismo: 🍷
Importadora: Adega Alentejana

Caves Transmontanas nasceu em 1989, através de uma parceria entre as Caves Riba-Tua e Pinhão (no Douro) e a empresa californiana Schramsberg Vineyards. Durante mais de 3 anos de procedimentos técnicos, a escolha do grupo recaiu em Cima Corgo, no Douro, uma zona com uma altitude superior a 550 metros. Atualmente, a adega produz seis gamas de espumante e duas de vinho tranquilo (um branco e um tinto), com uma produção anual de 100.000 garrafas.

AD 93

Vértice Millésime Brut 2011

ESPUMANTE | DOURO | $$$

Muito bem feito nesse estilo mais vinoso e estruturado, com as notas tostadas, de padaria e de frutos secos envolvendo toda sua fruta branca e tropical madura. Tem pulsante acidez, muita cremosidade, ótimo volume de boca e final persistente e cheio, com toques salinos e cítricos.

AD 92

Vértice Rosé Bruto 2015

ESPUMANTE | DOURO | $$$

Cremoso e vibrante, mostra frutas vermelhas e brancas acompanhadas de notas tostadas, de fermento e de especiarias doces, tudo equilibrado por gostosa acidez, bom volume de boca e final persistente, com toques salinos, de morangos e de frutos secos.

CHRYSEIA

Região: **Douro**
Enólogos:
Luís Coelho, Pedro Correia, Charles Symington e Bruno Prats
Site: www.chryseia.com
Enoturismo: -
Importadora: Mistral

Em novembro de 1998, a família Symington (tradicionalíssima no Vinho do Porto, com marcas como Graham's, Dow's, Warre's e Cockburn's, por » exemplo) propôs a Bruno Prats (ex-dono do Château Cos d'Estournel) que participasse de um projeto para produzir um vinho no Douro. A proposta tomou forma em 1999, com a criação da empresa Prats & Symington, que logo experimentou com parcelas e variedades. A primeira safra do Chryseia, o vinho surgido dessa parceria, foi no ano de 2000 e ele logo se tornou um dos ícones entre os vinhos não fortificados do Douro, abrindo caminho para muitos outros.

AD 96 | **Chryseia 2015**

TINTO | DOURO | **$$$$$**

Aqui a palavra de ordem é precisão. Esbanja equilíbrio entre fruta negra de qualidade, acidez refrescante e taninos tensos e de grãos finíssimos. Cheio de camadas e de profundidade, tem final com toques de grafite e de violetas, que pedem um segundo gole. Um bebê, que tem tudo para ficar ainda melhor no decorrer dos próximos 15 anos.

AD 92 | **Quinta de Roriz Reserva 2005**

TINTO | DOURO | **$$$$$**

Apesar de mais de 10 anos de garrafa está incrivelmente jovem, com acidez pulsante e taninos firmes e de grãos finos, que trazem sustentação a toda sua fruta negra lembrando cassis e ameixas maduras. As notas florais, de ervas, de tabaco e de grafite dão o toque de complexidade. Chama atenção pela elegância e precisão do conjunto.

AD 91 | **Prazo de Roriz 2015**

TINTO | DOURO | **$$$**

Tinto composto de Touriga Nacional (35%), Touriga Franca (35%), Tinta Barroca (10%), Tinta Roriz (10%) e Tinta Cão (10%), com estágio de 8 meses em barricas usadas de carvalho francês. Esse é segundo vinho da Quinta de Roriz. Muito bem feito nesse estilo estruturado e fluido, de perfil de frutas vermelhas e negras frescas.

Tem ótima acidez e taninos finos, que aportam equilíbrio ao conjunto e tensão ao vinho.

CORTES DE CIMA

Região:
Alentejo
Enólogos:
Hans e Anna Jorgensen
Site: www.cortesdecima.com
Enoturismo:
Importadora: Adega Alentejana

O projeto Cortes de Cima iniciou quando o casal, Hans e Carrie Jorgensen, chegou em Portugal, em 1988. Nessa época, a Vidigueira era conhecida como uma região de uvas brancas, porém Hans e Carrie identificaram no local um bom potencial para a casta Syrah (período também em que a variedade não era aprovada pelas regras de Denominação de Origem). Assim nasceu Incógnito, em 1998, um vinho 100% Syrah. Atualmente, Cortes de Cima produz vinhos de duas zonas do Alentejo, em Vidigueira (com nove uvas tintas e duas brancas) e em Vila Nova de Milfontes (com duas tintas e quatro castas brancas), na costa alentejana.

AD 92

Homenagem a Hans Christian Andersen Tinto 2012

TINTO	ALENTEJO	$$$$$

Mostra notas de especiarias e de ervas envolvendo sua fruta negra. No palato, é frutado e potente, com boa acidez e taninos firmes e de grãos finos, que sustentam seu lado maduro e conferem projeção ao vinho. Tem final carnudo e persistente, com toques de cassis e de ameixas. Ainda está jovem e tem tudo para ficar ainda melhor no decorrer dos próximos 5 anos.

>>

VINHOS

AD 91 — Cortes de Cima Tinto 2015

TINTO | ALENTEJO | **$$$**

Cativante no nariz, mostra ameixas e amoras acompanhadas por notas florais, de ervas e de especiarias. No palato, tem acidez refrescante e taninos de boa textura, que trazem equilíbrio ao conjunto e ao aporte de madeira. Tem final fluído e agradável, com toques tostados e terrosos.

AD 90 — Dois Terroirs Branco 2018

BRANCO | ALENTEJO | **$$$$$**

Fresco e vibrante, mostra frutas brancas e de caroço maduras escoltadas por notas florais, de camomila e de especiarias doces, que se confirmam na boca. De médio corpo, tem ótima acidez, textura firme e cremosa e final persistente e suculento, com toques salinos e cítricos.

AD 89 — Dois Terroirs Tinto 2015

TINTO | ALENTEJO | **$$$**

Mostra frutas negras e vermelhas maduras escoltadas por notas florais, terrosas e de ervas secas, tanto no nariz quanto na boca. Tem acidez na medida, taninos aveludados e final médio, cheio de ameixas.

CROFT

Região:
Douro
Enólogo:
David Guimaraens
Site: www.croftport.com/pt
Enoturismo:
Importadora: La Pastina

A Croft foi fundada em 1588 e, com uma carga histórica de mais de quatro séculos, é uma das mais antigas empresas em atividade do mundo. Em 2001, foi incorporada ao The Fladgate Partnership, juntamente com a Taylor's, a Fonseca e, mais recentemente, a Krohn, sendo o grupo líder na produção de categorias especiais de vinho do Porto, exportando para mais de 105 países. Embora o universo do vinho do Porto seja considerado conservador, em 2008 a Croft foi responsável por criar o Croft Pink, o primeiro vinho do Porto rosé. A propriedade está sob a liderança de Adrian Bridge, presidente do The Fladgate Partnership.

AD 97

Croft Vintage Port 2017

FORTIFICADO DOURO $$$$$

Violetas, algo de especiarias doces, sútil esteva, tudo em meio a muitas frutas negras lembrando ameixas e amoras. Chama atenção pela acidez vibrante, pelos taninos firmes, mas principalmente pela profundidade e persistência. Misto da elegância e frescor do 2016, com a opulência e intensidade do 2011.

AD 95

Croft Vintage Port 2016

FORTIFICADO DOURO $$$$$

Após o seco ano de 2015, esta safra começou com uma primavera muito úmida. As baixas temperaturas noturnas ajudaram a prolongar os tempos de fermentação, possibilitando uma extração longa e suave. Com a fruta acompanhada por traços a mocha, é elegante e fino, um Vintage que já nasce equilibrado e vai demandar menos paciência na adega.

>>

AD 95 — Croft Vintage Port 2011

FORTIFICADO | DOURO | $$$$$

O 2011 é exatamente como me lembrava da degustação de declaração desta safra, que seguramente estará entre as maiores do século. Um grande vinho por onde o analise. Consegue ter tudo. Suculência e dulçor de frutas, acidez vibrante e um tempero medicinal. Mas os taninos são o melhor de tudo. Pedindo licença poética ao Petrus, "punho de aço numa luva de veludo!"

AD 93 — Croft Quinta da Roeda Vintage Port 2015

FORTIFICADO | DOURO | $$$$$

Cheio de violetas e de ameixas maduras, tem ótima acidez e taninos de boa textura que trazem equilíbrio a toda sua concentração e intensidade. Tem final carnudo e persistente, com toques especiados, de tabaco e de grafite.

AD 91 — Croft 430th Anniversary Celebration Edition Reserve Ruby Port

FORTIFICADO | DOURO | $$$

Cativante e gostoso de beber, mostra notas de violetas e de especiarias doces, que envolvem toda sua fruta vermelha e negra de perfil mais fresco. Tem taninos firmes e pulsante acidez, que conferem fluidez e profundidade ao vinho.

AD 91

Croft Reserve Tawny Port

FORTIFICADO DOURO $$$

Tinto fortificado doce elaborado a partir de diversas castas típicas do Douro, com estágio em barris de carvalho. Cheio de frutas secas e em compota envoltas por notas florais e de especiarias doces, tudo equilibrado por ótima acidez e textura firme e cremosa. Gostoso de beber e fácil de agradar, tem final cativante, com toques caramelos e de mel, que pedem um segundo gole.

DUORUM

Região:
Douro
Enólogos:
João Portugal Ramos e José Maria Soares Franco
Site: www.duorum.pt
Enoturismo: -
Importadora: Casa Flora

Duorum é um projeto idealizado por João Portugal Ramos e José Maria Soares Franco, ambos verdadeiras assumidades na produção de vinhos em Portugal, o primeiro na região de Alentejo e o segundo no Douro. A parceria iniciou-se em 2007, no Douro, unindo a experiência e conhecimento técnico dos dois enólogos (daí o nome Duorum, uma expressão latina que significa "de dois"). A propriedade possui vinhas localizadas na região de Cima Corgo e Douro Superior, erguidas em socalcos com altitudes que variam entre 150 e 500 metros, plantadas apenas com castas autóctones.

>>

AD 94

Duorum O. Leucura Reserva 2012

TINTO DOURO **$$$$$**

Refinado e estruturado, impressiona pela acidez refrescante e pelos taninos marcantes e de fina textura, que equilibram toda sua fruta madura e untuosa, lembrando ameixas e cassis. Tem final longo e cheio, com toques terrosos, de grafite, de alcaçuz e de esteva.

AD 94

Duorum Reserva Old Vines 2017

TINTO DOURO **$$$$**

Complexo e exuberante no nariz, mostra ameixas e amoras acompanhadas de notas florais, de ervas e de especiarias doces, que se confirmam na boca. Fluido e gostoso de beber, tem taninos finíssimos, acidez refrescante e final suculento e persistente, com toques de grafite. Está bom agora, mas tem tudo para ficar ainda melhor nos próximos 10 anos.

AD 93

Duorum Reserva Old Vines 2015

TINTO DOURO **$$$$**

Mostra perfil de frutas vermelhas e negras mais maduras, mas com ótima acidez e taninos vibrantes e tensos, que equilibram o conjunto. Tem final untuoso e profundo, com toques de tabaco e de grafite.

AD 92

Duorum Colheita Tinto 2016

TINTO DOURO **$$$**

Cheio de ameixas e de cassis seguidos de notas florais e de especiarias doces. Fluido e equilibrado, tem acidez referscante, taninos finos e de ótima textura e final persistente, com toques de grafite e de alçacuz, que conferem complexidade ao vinho.

AD 92

Duorum Colheita Tinto 2008

TINTO DOURO **$$$**

Mostra estilo de fruta vermelha e negra mais fresca, tanto no nariz quanto na boca, tudo sustentado por taninos firmes e de grãos finos e acidez refrescante. Tem final profundo e persistente, com toques de grafite.

AD 92

Duorum Colheita Tinto 2017

TINTO DOURO **$$$**

Mostra ameixas e amoras acompanhadas de notas florais, de ervas e de especiarias doces. No palato, é carnudo, tem bom volume, acidez refrescante, taninos de ótima textura e final cheio e persistente, com toques terrosos, de tabaco e de grafite.

AD 91

Duorum Colheita Tinto 2015

TINTO DOURO **$$$**

Exuberante nos aromas, mostra ameixas e cassis acompanhados de notas florais, de ervas e de especiarias doces, que se confirmam na boca. Chama atenção pelos taninos firmes e pela refrescante acidez, que trazem equilíbrio a toda sua fruta de perfil mais maduro.

AD 90

Tons de Duorum Branco 2018

BRANCO DOURO **$$**

Branco composto de Arinto, Verdelho, Moscatel, Viosinho e Rabigato, sem passagem por madeira. Mostra notas florais, de ervas e de especiarias picantes escoltando suas frutas brancas e de caroço maduras, que se confirmam no palato. Tem acidez refrescante, textura cremosa e final agradável e persistente, com toques salinos e cítricos, que pedem uma segunda taça. »

VINHOS

AD 90 **Tons de Duorum Tinto 2017**

TINTO	DOURO	$$

Corte de Touriga Franca, Touriga Nacional e Tinta Roriz. Cereja deliciosa com caroço. Taninos de excelente qualidade. Bem equilibrado e com agradável textura. Um falso simples!

ENOPORT

Regiões:
Alentejo, Douro, Dão, Lisboa, Península de Setúbal, Minho e Tejo
Enólogo: **Nuno Faria**
Site: www.enoport.pt
Enoturismo:
Importadora: Domno

O grupo Enoport Wines unificou, em 2005, algumas das mais antigas propriedades portuguesas de vinho, tais como as Adegas Camillo Alves (1881), Caves Monteiros (1918), Caves Dom Teodósio (1924), Caves Velhas (1939), Caves Moura Basto (1940) e Caves Acácio (1954), entre outras. O grupo possui hoje várias propriedades vinícolas espalhadas por diversas regiões de Portugal, com um total de 400 hectares de vinhedos.

AD 91 **Alma Grande Reserva Touriga Nacional Touriga Franca Tinta Roriz 2016**

TINTO	DOURO	$$$

Cheio de ameixas maduras envoltas por notas de violetas, de ervas frescas e de especiarias doces, que se confirmam na boca. Suculento e agradável de beber, tem acidez refrescante e taninos firmes e de grãos finos. Tem final longo, com toques de alcaçuz e de grafite. Ainda está jovem e a madeira aparece, pelo menos por enquanto, um pouco mais do que deveria, mas nada que alguns anos de garrafa não resolvam.

AD 91

Solo Reserva Touriga Nacional Alfrocheiro Tinta Roriz 2014

TINTO DÃO $$$

Fluido e gostoso de beber, mostra frutas negras e vermelhas de perfil mais fresco, seguidas de notas florais, de ervas e de especiarias doces. Mas, é no palato que merece atenção, com seus taninos firmes, sua acidez pulsante e seu final persistente, com toques terrosos e de violetas.

AD 91

Thasos Moscatel de Setúbal 2010

FORTIFICADO PENÍNSULA DE SETÚBAL $$$

Mostra complexos aromas de frutas cítricas e tropicais maduras e em compota acompanhados de notas florais, de especiarias doces, de mel e de frutos secos. No palato, é intenso, frutado e denso, mostrando bom equilíbrio entre acidez e doçura. Gostoso de beber, tem final longo e persistente, com toques de casca de laranja.

AD 90

Romeira Reserva Trincadeira Aragonez Alicante Bouschet 2016

TINTO ALENTEJO $$

Notas de violetas e de especiarias doces envolvem toda sua fruta vermelha. Gastronômico e de médio corpo, tem acidez refrescante, taninos de boa textura e final cativante, com toques florais, tostados e de baunilha.

AD 89

Catedral Reserva Tinto 2015

TINTO DÃO $$

Aromas de frutas vermelhas maduras com toques de especiarias e uma leve madeira ao fundo. Com seus bons taninos e acidez na medida, é um vinho que se apresenta de forma muito correta, privilegiando a fruta nos aromas e nos sabores.

FILIPA PATO

Região:
Bairrada
Enóloga:
Filipa Pato
Site: www.patowouters.com
Enoturismo: 🍷 🍴
Importadora: Casa Flora

Filipa Pato, respeitada enóloga portuguesa, aprimorou suas habilidades de produtora de vinho atuando em colheitas de vinícolas em Bordeaux (França), Mendoza (Argentina), Margaret River (Austrália) e, principalmente, Portugal, com seu pai Luís Pato (referência na Bairrada). Fundada em 2001, a empresa atualmente é administrada por Filipa e seu marido William Wounters (renomado chef e sommelier belga). A vinícola segue os princípios da agricultura biodinâmica e enfatiza sua produção nas castas tradicionais da Bairrada, exclusivamente com Baga, Bical, Arinto, Cercial e Maria Gomes.

AD 92

3B Blanc de Blancs Brut Nature

ESPUMANTE | BAIRRADA | $$$

Firme, tenso e de borbulhas finas, chama atenção pela vibrante acidez e pela textura cremosa, que trazem equilíbrio e profundidade ao vinho. Tem bom volume de boca e final persistente, com toques salinos, cítricos e de frutos secos.

AD 92

D.N.M.C Baga 2018

TINTO | BAIRRADA | $$$

Vivo e gostoso de beber, mostra fruta vermelha nítida e fresca, lembrando cerejas e groselhas, seguidas de notas florais, terrosas e de ervas, que se confirmam na boca. Preciso e refinado, tem vibrante acidez, taninos firmes e de grãos finos e final persistente, com toques salinos e especiados. Verdadeiro lobo em pele de cordeiro, aparenta ser menos complexo do que realmente é.

AD 91

3B Extra Bruto Rosé

ESPUMANTE | BAIRRADA | $$$

Frutado e vibrante, mostra notas florais, de ervas e de especiarias doces envolvendo toda sua fruta vermelha e branca de perfil mais fresco. Tem bom volume de boca, ótima acidez, gostosa cremosidade e final cativante, com toques tostados, terrosos e de fermento.

FIUZA & BRIGTH

Região:
Tejo
Enólogo:
Paolo Nigra
Site: www.fiuzabrightpt.com
Enoturismo:
Importadora: O Português

Fiuza & Bright é uma parceria estabelecida, em 1986, entre o produtor de vinhos Joaquim Mascarenhas Fiuza e o enólogo australiano Peter Bright. A empresa possui duas quintas na zona geográfica do Tejo e sua área de produção é de 120 hectares de vinhedos, distribuídos pelas zonas de Almeirim, na Quinta da Requeixada, e da Romeira, na Quinta da Granja. Com tradição de cultivar uvas portuguesas e francesas, sua gama de castas é ampla, como a Touriga Nacional, Aragonez, Arinto, Vital, Fernão Pires e Alvarinho, para as primeiras, e a Alicante Bouschet, Cabernet Sauvignon, Merlot, Syrah, Chardonnay e Sauvignon Blanc, para as internacionais. O enólogo é o Eng.º Paolo Nigra, neto do fundador Joaquim Mascarenhas Fiuza.

>>

AD 90

Fiuza Silent Oak Reserva Tinto 2016

TINTO	TEJO	$

Gostoso de beber e fácil de agradar, mostra ameixas e mirtilos acompanhados de notas florais, de ervas e de especiarias doces, que se confirmam na boca. De médio corpo, tem taninos aveludados, refrescante acidez e final também médio, com toques terrosos e de alcaçuz.

AD 89

Fiuza Rosé 2018

ROSÉ	TEJO	$

Chama atenção pela acidez refrescante e pela textura firme e cremosa, que trazem equilíbrio ao conjunto e envolvem toda sua fruta vermelha lembrando morangos. Gastronômico, tem final cativante, com toques salinos e cítricos.

FUNDAÇÃO EÇA DE QUEIROZ

Região:
Minho
Enólogo:
Rui Cunha
Site: www.feq.pt
Enoturismo: 🍷
Importadora: Winebrands

A Fundação Eça de Queiroz, criada em 1990 por iniciativa de Maria da Graça Almeida Salema de Castro (herdeira de Eça de Queiroz) e Sociedade Anónima "João Pires S.A.", dedica-se à divulgação e preservação da memória e do espólio do escritor. O patrimônio constituído pela Casa e Quinta de Vila Nova passou por várias intervenções arquitetônicas e investimentos agrícolas (incluindo a construção e aquisição de equipamentos para a adega). Desde a vindima de 2017, a Fundação e a empresa Lima Smith (proprietária da marca de vinhos Quinta das Tecedeiras e das quintas de Covela e da Boavista) fizeram um acordo e Rui Cunha (enólogo da Quinta de Covela) assumiu a direção enológica e passou a gerir os vinhos de Tormes. Cunha, que no passado já tinha criado os vinhos de Tormes, conta com uma área de 10 hectares de vinhedos, com as castas Avesso, Arinto, Alvarinho e Chardonnay.

AD 89

Tormes 2017

BRANCO	MINHO	$$

Ervas frescas, frutas brancas e cítricas acompanhadas de notas florais e de frutos secos. Bem feito em seu estilo mais tradicional, mas mostrado de um modo mais polido. É redondo, tem gostosa acidez e final médio, com toques de mel.

FUNDAÇÃO EUGÉNIO DE ALMEIDA - CARTUXA

Região:
Alentejo
Enólogo:
Pedro Baptista
Site: www.cartuxa.pt
Enoturismo:
Importadora: Adega Alentejana

Em 1759, por ordem de Marquês de Pombal, a Quinta de Valbom (ligada à Companhia de Jesus) passou a integrar os bens do Estado e, alguns anos mais tarde, em 1776 foi equipada pela primeira vez com um lagar de vinho. A proximidade do Mosteiro da Cartuxa determinou a designação conhecida até os dias de hoje, a Adega Cartuxa. Adquirida no século XIX pela família Eugénio de Almeida, a propriedade recebeu investimentos em modernizações e ampliações ao longo do tempo, aumentando de »

forma considerável seu potencial de vinificação e sua capacidade de armazenagem. Da linha de engarrafamento instalada na Adega Cartuxa saem, anualmente, cerca de quatro milhões de garrafas, distribuídas pelas marcas Vinea Cartuxa, EA, Foral de Évora, Cartuxa, Scala Coeli e o lendário Pêra-Manca.

AD 94

Scala Coeli 2015

TINTO ALENTEJO **$$$$$**

Nessa safra, é 100% Touriga Nacional. Um grande vinho e um vinho grande em todos os aspectos. Impressiona pelo volume de boca, pela densidade, pelos taninos firmes e finos, tudo mostrado de forma harmoniosa e precisa, mas sempre dentro de um contexto de opulência e de untuosidade. Está muito jovem ainda e recompensará os que esperarem pelo menos 10 anos. Um moderno, que já se tornou um clássico alentejano.

AD 93

Cartuxa Vinho de Talha Tinto 2017

TINTO ALENTEJO **$$$$$**

Tradicional vinícola alentejana fundada em 1963, elabora esse tinto, com mínima intervenção tanto no vinhedo quanto na vinícola, exclusivamente a partir de uvas Alicante Bouschet, estagiadas e fermentadas, sem adição de leveduras, em talhas (ânforas) de barro. O resultado é um vinho puro em sua expressão varietal, cheio de frutas negras de perfil mais fresco, bem equilibradas por acidez vibrante e taninos tensos e finos. Profundo e vertical, por ser agradável e gostoso de beber, aparenta ser menos complexo do que realmente é. Paciência com ele, pois está diante de um verdadeiro lobo em pele de cordeiro.

AD 91

Cartuxa Colheita Branco 2018

BRANCO ALENTEJO **$$$**

Fresco, vibrante e cheio de frutas brancas e de caroço maduras, tem acidez refrescante, textura firme e final persistente, com toques salinos, cítricos e de camomila. Um clássico alentejano em sua melhor forma.

AD 90 | **EA Reserva Tinto 2015**

TINTO ALENTEJO **$$$**

Acessível e fácil de agradar, mostra frutas negras seguidas de notas florais, de ervas e de especiarias doces, tanto no nariz quanto na boca. Suculento, tem final cheio de ameixas, pedindo mais um gole.

GRAHAM'S

Região:
Douro
Enólogo:
Charles Symington
Site: www.grahams-port.com
Enoturismo:
Importadora: Mistral

A história da Graham's une a biografia de duas famílias, ambas de origem escocesa, os Grahams e os Symingtons. Fundada pelos irmãos William e John Graham, em 1820, a empresa (referência no setor têxtil na época) passou a atuar no negócio de Vinho do Porto depois de receber 27 tonéis de vinho como pagamento de uma dívida. A conexão com a família Symington ocorreu em 1882, quando Andrew James Symington foi trabalhar em Portugal para a família Graham. Embora Andrew tenha deixado a empresa para estabelecer seu próprio negócio de vinho do Porto, seus netos adquiriram a Graham's em 1970. Atualmente, Symington (grupo que produz os Portos Graham's, Cockburn's, Dow's e Warre's) é proprietária de mais de mil hectares de vinhedos na região do Douro. >>

AD 96

Graham's Vintage Port 2016

FORTIFICADO DOURO **$$$$$**

Mantendo-se fiel ao estilo mais encorpado e estruturado da casa, esbanja frutas negras maduras e em compota, tudo bem equilibrado por taninos firmes e acidez refrescante. Longo, cheio e untuoso, com toques florais e de alcaçuz. Está cativante agora, mas, com certeza, recompensará os muito pacientes.

AD 92

Graham's LBV Vintage Port 2012

FORTIFICADO DOURO **$$$$**

Mostra ameixas e figos em calda por todos os lados, bem equilibrados por gostosa acidez e taninos firmes, que aportam equilíbrio ao seu dulçor.

AD 91

Graham's 10 Years Old Tawny Port

FORTIFICADO DOURO **$$$$**

Mostras cerejas maduras e em calda envoltas por notas florais e de especiarias doces, tudo equilibrado por gostosa acidez e taninos de boa textura. Chama atenção pela profundidade e volume de boca.

AD 91

Graham's Six Grapes Port

FORTIFICADO DOURO **$$$$**

Impressiona pela acidez vibrante e pelos taninos firmes, que trazem sustentação a toda sua fruta madura e concentrada. Tem final cheio e sedutor, que pede a companhia de chocolate meio amargo.

AD 90

Graham's Fine Ruby Port

FORTIFICADO | DOURO | **$$$**

Esbanja ameixas e cassis seguidos de notas de violeta, de ervas e de especiarias doces, tanto no nariz quanto na boca. Tem acidez refrescante e taninos firmes, que trazem equilíbrio a toda sua doçura.

AD 89

Graham's Fine Tawny Port

FORTIFICADO | DOURO | **$$$**

Gostoso em sua simplicidade, é uma boa porta de enttrada para o mundo dos tintos fortificados doces. Experimente-o mais resfriado, na companhia de sobremesas à base de ovos.

HERDADE DE COELHEIROS

Região:
Alentejo
Enólogo:
Luís Patrão
Site: www.coelheiros.pt
Enoturismo:
Importadora: Mistral

A Herdade de Coelheiros iniciou uma nova fase de sua história quando a propriedade foi comprada por Joaquim e Leonilde Silveira, em 1981. Em 1991, foi produzido o primeiro Tapada de Coelheiros tinto, sob o comando do enólogo António Saramago (um dos principais nomes da enologia portuguesa). Com a recente aquisição em 2015, pelo casal de brasileiros Alberto Weisser e Gabriela Mascioli, os novos proprietários trouxeram novas abordagens, como, por exemplo, a decisão de reduzir a produção de 400 mil para 100 mil garrafas (nível mantido até hoje); a de eliminar a gama de entrada (Ciranda), concentrando a produção em apenas três » rótulos (Coelheiros, Tapada de Coelheiros, ambos em versões branco e tinto, e Vinha do Taco, um single vineyard 100% à base de Petit Verdot); e a de trabalhar prioritariamente, ainda que não exclusivamente, com castas nativas, o que levou a eliminação de um dos vinhos mais populares da Herdade, o Coelheiros Chardonnay, cuja última safra foi a de 2016. Desde 2016, a equipe de viticultura e enologia é liderada pelo talentoso enólogo Luís Patrão.

AD 93

Tapada de Coelheiros Branco 2016

BRANCO | ALENTEJO | **$$$$**

Sedutor nos aromas, mostra notas florais, de coco e de erva cidreira envolvendo toda sua fruta branca e de caroço madura, tudo equilibrado por textura cremosa, refrescante acidez e final cheio e persistente, com toques salinos e cítricos. Está muito bom agora, mas tem todos atributos para ficar ainda melhor nos próximos cinco anos.

AD 92

Tapada de Coelheiros Tinto 2013

TINTO | ALENTEJO | **$$$$**

Nessa safra, a Cabernet Sauvignon divide o protagonismo com a Alicante Bouschet (50% cada). Os aromas de frutas escuras (cerejas e amoras) se misturam a notas que revelam leve herbáceo, além do tostado e do tabaco aportados pelos 18 meses de estágio em barricas novas e usadas. É um vinho potente sem perder a elegância, com taninos ainda bem presentes, mas de fina textura.

AD 91

Coelheiros Branco 2017

BRANCO | ALENTEJO | **$$$**

Chama atenção pela textura cremosa e firme, tudo em meio a muita fruta branca e cítrica, acidez pulsante e final persistente, com toques salinos e de limão siciliano. Apenas 30% do lote estagia em barricas de carvalho de 500 litros, o suficiente para aportar maciez à boca.

AD 90

Coelheiros Tinto 2017

TINTO ALENTEJO **$$$**

Notas florais, de cânfora e de ervas acompanham sua fruta vermelha e negra de perfil mais fresco, lembrando ameixas, cassis e mirtilos. No palato, tem textura cremosa, taninos firmes, acidez vibrante e final persistente, com toques terrosos, tostados e de tabaco.

HERDADE DO ESPORÃO

Região:
Alentejo
Enóloga:
Sandra Alves
Site: www.esporao.com/pt-pt/
Enoturismo:
Importadora: Qualimpor

Fundada em 1973, por José Roquette e Joaquim Bandeira, a Herdade do Esporão foi a primeira vinícola moderna do Alentejo, com temperatura controlada, processos por gravidade e estágio em barricas de carvalho. Na década de 1980, a adega foi finalmente construída e seu primeiro vinho com o nome de Esporão surgiu na safra de 1985 (no ano seguinte passou a usar o nome de Esporão Reserva). Alguns anos depois, começaram também a produzir azeites, com as variedades autóctones, exclusivamente do tipo virgem extra ou virgem. Dois recentes investimentos do grupo foram: em 2018, no setor cervejeiro com a aquisição da marca Sovina (uma das empresas líderes no mercado de cervejas Premium em Portugal) e em 2019, com a compra da Quinta do Ameal (conceituado produtor na região demarcada dos Vinhos Verdes). Atualmente, o Esporão possui cerca de 700 hectares de vinhas, olivais e outras culturas e, com um pouco mais de 45 anos, está entre os principais produtores de Portugal. Desde 2006, João Roquette (filho do co-fundador José Roquette) é o presidente do grupo. »

AD 93 Esporão Private Selection Tinto 2014

TINTO ALENTEJO **$$$$$**

Ainda muito jovem, mostra ameixas e amoras maduras, seguidas de notas florais, de ervas e de especiarias picantes. No palato, tem ótima acidez e taninos tensos e firmes, que trazem sustentação a toda sua untuosidade e potência. Tem final longo e persistente, com toques de grafite e de alcaçuz.

AD 92 Esporão Private Selection Branco 2017

BRANCO ALENTEJO **$$$$**

Num estilo untuoso e de frutas brancas e de caroço maduras, mostra acidez refrescante e textura firme e cremosa, que trazem certo equilíbrio ao conjunto. Cheio e estruturado, tem final persistente, com notas florais, amanteigadas e de especiarias doces.

AD 92 Esporão Reserva Tinto 2016

TINTO ALENTEJO **$$$**

Elaborado pela primeira vez em 1985, esse tinto é composto de Alicante Bouschet, Aragonez, Trincadeira e Cabernet Sauvignon, com estágio de 12 meses em barricas de carvalho americano (60%) e francês (40%). Uma confirmação do estilo mais vibrante e fresco encontrado nas últimas safras, mostra frutas vermelhas e negras envoltas por notas florais, de ervas e de especiarias doces. Frutado e de bom corpo, tem taninos de grãos finos, vibrante acidez e final suculento e agradável, com toques terrosos e de ameixas.

AD 91 Esporão Reserva Branco 2018

BRANCO ALENTEJO **$$$**

Sedutor e cativante no nariz, mostra aromas de frutas brancas e de caroço maduras acompanhadas de notas florais, de ervas e de especiarias doces, que se confirmam na boca. Tem acidez vibrante, bom volume e final cheio e persistente, com toques salinos e de cítricos em compota.

AD 90

Esporão 2 Castas Viosinho Alvarinho 2017

BRANCO ALENTEJO $$$

Em 2017, as escolhidas foram a Viosinho e Alvarinho. Complexo nos aromas, mostra frutas cítricas e brancas acompanhadas de notas florais e herbáceas. Na boca, tem acidez refrescante, textura cremosa e final médio e cativante, com toques salinos, de limão e de pêssego.

AD 90

Esporão 4 Castas Touriga Nacional Alfrocheiro Syrah Alicante Bouschet 2017

TINTO ALENTEJO $$$

Bem feito nesse estilo de fruta vermelha e negra de perfil mais maduro, mas aqui bem equilibradas por taninos firmes e gostosa acidez. As notas florais, de ervas e de especiarias doces dão um toque de complexidade.

AD 90

Esporão Colheita Branco 2018

BRANCO ALENTEJO $$$

Branco composto de Antão Vaz, Viosinho, Alvarinho e outras, fermentadas em tulipas de cimento e lá mantido por 4 meses em contato com suas lias. Cheio de frescor e de fruta branca e cítrica madura, acompanhadas de notas florais, minerais, herbáceas e de especiarias doces, que se confirmam na boca. De bom corpo, tem acidez vibrante, gostosa textura e final agradável, com toques salinos, de maças e de limão tahiti.

AD 90

Esporão Colheita Tinto 2017

TINTO ALENTEJO $$$

Aroma alegre, fruta preta que lembra ameixa madura além de uva passa compotada. No paladar, apresenta-se com bastante equilíbrio, a fruta preta está aberta e aparece com muito frescor, » seus taninos são finos e firmes trazendo gostosa textura e tensão. Gostoso para beber bem fresco, pode acompanhar carnes magras e aves assadas.

AD 89

Monte Velho Branco 2019

BRANCO ALENTEJO **$$**

Branco composto de Antão Vaz, Perrum e Roupeiro, sem passagem por madeira. Sempre consistente, safra após safra, nesse ano mantém o estilo vibrante e cheio de frutas brancas e de caroço, sempre equilibradas por ótima acidez e textura firme e cremosa. Tem final médio/longo, com toques salinos e cítricos, que pedem mais um gole.

AD 89

Monte Velho Tinto 2018

TINTO ALENTEJO **$$**

Tinto produzido a partir das castas: Aragonez, Trincadeira, Touriga Nacional e Syrah, se mostra um alentejano jovem de corpo médio e coloração violácea. Traz aromas de frutas vermelhas maduras e leve toque de especiarias. Em boca, apresenta boa presença de taninos, vibrante acidez, estrutura e leve herbáceo.

HERDADE DO ROCIM

Regiões:
Alentejo e Lisboa
Enólogos:
Catarina Vieira e Pedro Ribeiro
Site: www.rocim.pt
Enoturismo:
Importadora: World Wine

A Herdade do Rocim é um projeto desenvolvido pelo grupo Movicortes que, durante seis anos, reestruturou a produção vinícola do local e construiu a adega (um edifício formado por uma loja, um bar, um anfiteatro, sala de barricas, laboratórios e escritórios). Situada entre a Vidigueira e Cuba, no baixo Alentejo, a propriedade possui 120 hectares, dos quais 70 são de vinhas e 10 de olivais. Esse projeto também inclui um vinhedo de 4 hectares, que deu origem à vinha do Vale da Mata, nos contrafortes de Serra de Aire, em Cortes, terra de origem de José Ribeiro Vieira, fundador da empresa Movicortes. A equipe enológica é liderada pelos enólogos Catarina Vieira (filha de José) e, seu marido, Pedro Ribeiro.

AD 95 | **Herdade do Rocim Clay Aged Tinto 2017**

TINTO ALENTEJO $$$$$

Este corte tem Alicante Bouschet, Petit Verdot, Trincadeira e Tannat. Estagia 16 meses em talhas de 140 litros. Tem uma profundidade granítica, taninos poderosos e acidez vibrante. Pimenta, amoras e ervas secas. Incrível força em um vinho que vai durar para sempre, apesar de delicioso e instigante hoje. A mais pura definição de um vinho crossfit.

AD 94 | **Olho de Mocho Reserva Single Vineyard 2016**

TINTO ALENTEJO $$$$

Tinto composto de uvas Alicante Bouschet e Trincadeira, com estágio de 16 meses em barricas de carvalho francês de 500 litros. O resultado é um vinho tenso, vibrante, nítido em frutas negras frescas, como ameixas e amoras, tudo acompanhado de notas florais, minerais, de ervas e de especiarias doces. Impressiona pelos taninos finos e de ótima textura, pela acidez pulsante e pelo final cheio e profundo, com toques de grafite e de tinta nanquim. Ainda está jovem e tem tudo para ficar ainda melhor nos próximos 10 anos.

>>

AD 93

Grande Rocim Reserva Tinto 2015

TINTO | ALENTEJO | $$$$$

Um vinho grande e um grande vinho, que mostra frutas negras nítidas e maduras, lembrando cassis e amoras, seguidas de notas florais, de ervas e de especiarias. Impressiona pela acidez refrescante, pelos taninos finíssimos e pelo final longo e persistente, com toques terrosos, de tabaco, de alcaçuz. Está muito jovem e tudo para ficar ainda melhor no decorrer dos próximos 10 anos.

AD 93

Herdade do Rocim Amphora Branco 2019

BRANCO | ALENTEJO | $$$$

Em boca, tem muita vida e alegria. Suculência e acidez confirmam a complexidade no olfato. Estrutura e textura invejáveis temperadas por pimenta branca e um leve toque da oxidação, com muita mineralidade e lichias frescas.

AD 92

Herdade do Rocim Amphora Branco 2017

BRANCO | ALENTEJO | $$$$

Elaborado através de um antigo e tradicional método, com talhas de barro (ânforas). Traz aromas de frutas cítricas, com toques herbáceos e de especiarias. Em boca, é super equilibrado e sutil. Revela alguma presença tânica, apesar de branco, ótima acidez e boa persistência.

AD 92

Herdade do Rocim Amphora Tinto 2018

TINTO | ALENTEJO | $$$$

Ameixa e amora em boca, com traço marcante de pimenta negra associado ao dulçor da fruta. Os taninos são perfeitos em textura e afinamento. Balsâmico no nariz, no fim de boca explode em terra molhada, ervas e um toque salino.

AD 92

Herdade do Rocim Amphora Tinto 2017

TINTO | ALENTEJO | $$$$

Tinto composto de Moreto, Tinta Grossa, Trincadeira e Aragonez, a partir de fermentação espontânea com os engaços em talhas de barro. O resultado da utilização desse método de vinificação ancestral no Alentejo é um vinho fresco, vertical, gostoso de beber, impressionando pela textura de taninos e pela vibrante acidez. Tem final persistente, com toques salinos, de ervas e de ameixas.

AD 92

Herdade do Rocim Reserva Tinto 2017

TINTO | ALENTEJO | $$$

Ainda está muito jovem. No nariz, mostra notas florais, de ervas e de especiarias doces permeando toda sua fruta madura, lembrando ameixas, amoras e cassis. No palato, impressiona pela acidez vibrante e pelos taninos firmes e de ótima textura, que conferem tensão e profundidade. Tem final carnudo e persistente, com toques terrosos, de tabaco e de alcaçuz. Muito bem feito e refinado nesse estilo mais corpulento e untuoso.

>>

AD 91

Herdade do Rocim Amphora Branco 2018

BRANCO ALENTEJO **$$$**

O nariz revela o perfil cítrico e a deliciosa oxidação que encanta os amantes de vinhos laranjas. A seu favor também pesa a capacidade de combinar isto tudo com finesse e fruta pura (mexerica madura). Tudo isto ressaltado pela acidez marcante e bela estrutura.

AD 91

Olho de Mocho Reserva Branco 2017

BRANCO ALENTEJO **$$$**

Esbanja frutas brancas e de caroço maduras escoltadas por notas florais, de ervas e de especiarias doces, que se confirmam no palato. Tem bom volume de boca, textura firme, acidez vibrante e final suculento e persistente, com toques salinos, cítricos e de baunilha.

AD 91

Vale da Mata Tinto 2016

TINTO LISBOA **$$$**

Gastronômico e de médio corpo, mostra notas florais, de ervas e de especiarias envolvendo toda sua fruta negra de perfil mais fresco. Tem acidez vibrante, taninos firme e final cativante e persistente, com toques terrosos.

AD 90

Herdade do Rocim Branco 2018

BRANCO ALENTEJO **$$$**

Mostra frutas tropicais e de caroço maduras tanto no nariz quanto na boca, mas tem acidez refrescante e textura firme, que trazem certo equilíbrio ao conjunto. Tem final cheio, com toques florais, de frutas em cristalizadas e de camomila.

AD 90

Herdade do Rocim Alicante Bouschet 2017

TINTO ALENTEJO $$$

Opulento e untuoso, mostra frutas negras maduras e em compota, seguidas de notas florais, balsâmicas e de ervas, que se confirmam na boca. Estruturado, tem taninos firmes e boa acidez, que equilibram essa madurez e conferem certa fluidez ao vinho.

AD 90

Mariana Branco 2018

BRANCO ALENTEJO $$

Mostra notas florais e de ervas escoltando suas frutas brancas e de caroço maduras, tudo sustentado por acidez refrescante, textura cremosa e final agradável e cativante, com toques salinos e cítricos.

AD 90

Mariana Tinto 2018

TINTO ALENTEJO $$

Blend de Touriga Nacional, Alicante Bouschet e Trincadeira, homenageia a protagonista de uma lenda da região de Vidigueiras, Mariana de Alcoforado. Mostra frutas vermelhas e negras maduras e suculentas acompanhadas de baunilha. Na boca, apresenta acidez na medida, médio corpo, taninos equilibrados e boa persistência, finalizando com especiarias e leve tostado. »

AD 90

Vale da Mata Branco 2016

BRANCO | LISBOA | $$$

Nos aromas passa a impressão de madurez, cheio de frutas tropicais e de caroço em compota, mas na boca tem acidez vibrante e textura firme, que trazem certo equilíbrio ao conjunto. Tem final cheio e persistente, com toques salinos e de cítricos em compota.

AD 89

Herdade do Rocim Tinto 2017

TINTO | ALENTEJO | $$$

Mostra aromas de ameixas maduras e em compota, seguidas de notas florais, de ervas e de especiarias doces, que se confirmam na boca. Tem bom volume, acidez refrescante e taninos firmes, que trazem certo equilíbrio a toda sua untuosidade e ao aporte de madeira.

AD 89

Mariana Rosé 2018

ROSÉ | ALENTEJO | $$

70% de Touriga Nacional e 30% de Aragonês. A fruta domina a experiência do começo ao fim. A boca tem muita framboesa. Alegre, com final fresco e mineral.

HERDADE DOS COTEIS

Região:
Alentejo
Enólogo:
José António Fonseca
Site: -
Enoturismo:
Importadora: O Português

Localizada na cidade de Moura (região de Alentejo), a Herdade dos Coteis é explorada pela família Venâncio e possui cerca de 300 hectares de olivais e 23 hectares de vinha e ovelhas. O portfólio da vinícola abrange o Vinho Regional Alentejano (com tintos, brancos e rosés), o azeite virgem (com a Denominação de Origem "Azeite de Moura") e o apreciado queijo Serpa (tradicional queijo alentejano).

AD 90

Herdade dos Coteis Reserva Tinto 2017

TINTO ALENTEJO **$$**

Notas de cânfora e de especiarias picantes envolvem toda sua fruta vermelha e negra de perfil mais maduro. Ainda jovem, tem taninos firmes e acidez refrescante, que aportam certo equilíbrio ao conjunto e ao aporte de madeira. Tem final carnudo e persistente, com toques tostados, terrosos, florais e de tabaco.

AD 90

Herdade dos Coteis Rosé 2018

ROSÉ ALENTEJO **$**

Cativante e gostoso de beber, por sua cor mais pronunciada mais parece um clarete que um rosé. Gastronômico, mostra profusão de frutas vermelhas, como morangos e cerejas, bem equlibradas por refrescante acidez e firme textura.

>>

AD 90

Herdade dos Coteis Tinto 2018

TINTO ALENTEJO $

Apresenta notas de ervas e de especiarias envolvendo toda sua fruta, lembrando mirtilos, amoras e cassis. Cativante e gostoso de beber, tem acidez refrescante, taninos de grãos finos e final médio, com toques terrosos e florais.

AD 89

Herdade dos Coteis Branco 2018

BRANCO ALENTEJO $

Direto e frutado, tem gostosa textura e refrescante acidez, que envolvem sua fruta cítrica e branca e trazem tensão ao conjunto, convidando a uma segunda taça.

AD 89

Monte da Pata Reserva Tinto 2017

TINTO ALENTEJO $$

Estruturado, mostra ameixas e amoras seguidas de notas florais, terrosas e de especiarias doces, que se confirmam no palato. Tem acidez refrescante e taninos firmes e marcantes, que trazem sustentação a toda sua madurez.

JOÃO PORTUGAL RAMOS

Região:
Alentejo
Enólogo:
João Portugal Ramos
Site: www.jportugalramos.com
Enoturismo:
Importadora: Casa Flora

Personagem de respeito no Alentejo, João Portugal Ramos foi um dos responsáveis por colocar em evidência a região e transformá-la numa referência para os vinhos do Novo Mundo. De início, exerceu a agronomia, depois a enologia como consultor e, finalmente, produtor. Ramos introduziu mudanças no setor vitivinícola e passou a se focar na qualidade e tipicidade das bebidas. Em 1989, iniciou seu projeto pessoal em Estremoz, com 5 hectares de vinhas, e, em 1992, realizou sua primeira vindima (que deu origem ao primeiro vinho próprio, o Vila Santa). Durante sua trajetória, João também participou do desenvolvimento dos vinhos do Tejo, Dão, Estremadura e outras regiões. Hoje, o grupo João Portugal Ramos controla aproximadamente 600 hectares de vinhas, entre próprias e arrendadas, e está presente nas regiões de Alentejo, Beiras, Douro e Vinhos Verdes.

AD 92

Marquês de Borba Vinhas Velhas Branco 2018

BRANCO | ALENTEJO | $$

Classudo no nariz, mostra notas florais, de camomila e de especiarias doces envolvendo sua fruta tropical e de caroço madura. No palato, tem ótimo volume de boca, textura firme e cremosa, acidez vibrante e final suculento e persistente, com toques amanteigados, salinos e cítricos.

AD 92

Marquês de Borba Vinhas Velhas Tinto 2017

TINTO | ALENTEJO | $$$

Potente, mostra frutas vermelhas e negras acompanhdas de notas florais, de ervas, de especiarias doces e de folha de tabaco, que se confirmam no palato. Tem ótima acidez, taninos de grãos finos e final persistente e cativante, com toques terrosos e de ameixas. Fluido, gastronômico e gostoso de beber.

AD 89

Loios Branco 2018

BRANCO | ALENTEJO | $$

Fresco e gostoso de beber, aqui menos é mais. Esbanja frutas brancas e de caroço, bem equilibradas por acidez refrescante, textura cremosa e final agradável, com toques salinos e cítricos.

>>

AD 89 | **Loios Tinto 2018**

TINTO | ALENTEJO | $$

Uma boa porta de entrada para os vinhos do reputado João Portugal Ramos. Aqui se tem a fruta madura, típica do Alentejo, mas bem sustentada por taninos de boa textura e refrescante acidez. Acessível e fácil de agradar.

LAVRADORES DE FEITORIA

Região:
Douro
Enólogo:
Paulo Ruão
Site: www.lavradoresdefeitoria.pt
Enoturismo: 🍷
Importadora: Adega Alentejana

Instituída em 2000, a Lavradores de Feitoria originou-se da parceria de 15 lavradores e de 18 proprietários de quintas na região do Douro, distribuídas pelas sub-regiões de Baixo Corgo, Cima Corgo e Douro Superior. Atualmente, compõe a estrutura da empresa 48 acionistas, dos quais 15 produtores de uva e 19 quintas, formando, conjuntamente, pouco mais de 600 hectares de vinhedos. A empresa apresenta uma ampla gama de castas em sua produção, como a Alvarelhão, Tinta Amarela, Tinta Barroca, Tinta Roriz, Tinto Cão, Touriga Francesa e Touriga Nacional, para as tintas, e Boal, Códega, Gouveia, Malvasia, Sauvignon Blanc e Viosinho, para as brancas.

AD 91 | **Três Bagos Reserva Tinto 2015**

TINTO | DOURO | $$$

Notas de violeta e de especiarias doces permeiam sua fruta vermelha e negra, tanto no nariz quanto na boca. Suculento e gostoso de beber, chama atenção pela acidez refrescante e pelos taninos de ótima textura, que trazem equilíbrio ao conjunto e projeção ao vinho.

AD 90

Chorinho Tinto 2016

TINTO DOURO **$$**

Homenagem ao ritmo musical brasileiro, esse tinto é elaborado a partir de Tinta Barroca, Tinta Roriz, Touriga Franca e Touriga Nacional, sem passagem por madeira. Mais uma ótima versão desse tinto, mostra aromas de frutas negras escoltados por notas florais, especiadas e de ervas. Frutado e cativante, tem acidez refrescante, taninos tensos e aveludados e final agradável e carnudo, com toques terrosos e de cassis.

LUIS PATO

Região:
Bairrada
Enólogo:
Luís Pato
Site: www.luispato.com
Enoturismo:
Importadora: Mistral

Luís Pato pertence a uma família que produz vinhos, na Quinta do Ribeirinho, desde o século XVIII. Em 1970, seu pai, João Pato, foi o primeiro viticultor a engarrafar o vinho de suas vinhas na região da Bairrada. Sua trajetória, que completa 40 anos em 2020, é marcada pelo pioneirismo herdado do pai e a competência em produzir excelentes vinhos, como, por exemplo, os prestigiados Pé Franco, Vinha Pan e Vinha Barrosa, entre outros. Engenheiro químico de formação, Luís é um dos mais importantes produtores de Portugal e, seguramente, o grande divulgador da variedade Baga no mundo. »

AD 93

Vinha Barrosa 2015

TINTO BAIRRADA **$$$$$**

Um perfeito exemplo de lugar e da capacidade dessa cepa de produzir excelentes vinhos. Aqui os taninos firmes e tensos, a acidez pulsante e as frutas vermelhas frescas ditam as regras, num tinto tenso, preciso e profundo, que pede, inevitavelmente, a companhia de comida. Está ótimo agora, mas tem tudo para ficar ainda melhor nos próximos 10 anos.

AD 92

Vinhas Velhas Baga Tinto 2017

TINTO BAIRRADA **$$$$**

Num estilo mais gastronômico, chama atenção pela qualidade de fruta vermelha e negra mais fresca, escoltada por notas florais, minerais e de ervas. Mas, é na boca que merece atenção, com seus taninos firmes e tensos, sua acidez vibrante e seu final longo, com toques terrosos e de couro.

AD 91

Luis Pato Baga Bruto

ESPUMANTE BAIRRADA **$$$**

Tenso e fresco, mostra harmonia entre seu estilo mais vinoso e sua pulsante acidez, que limpa tudo por onde passa. Mostra muita fruta vermelha, notas florais, de ervas e de especiarias doces tanto no nariz quanto na boca. Não dá para pensar nesse espumante longe da mesa.

AD 90

Luis Pato Maria Gomes Bruto

ESPUMANTE BAIRRADA **$$$**

Cremoso e vibrante, mostra perfil de frutas brancas e de caroço mais maduras, seguidas de notas florais, de ervas e de especiarias doces, além de toques tostados e de fermento. Cremoso, tem bom volume de boca, acidez vibrante e final cheio e persistente, com toques salinos e cítricos.

AD 90

Vinhas Velhas Bical Cercial Sercialinho Branco 2018

BRANCO | BAIRRADA | $$$

Mostra perfil de frutas brancas e de caroço maduras, bem equilibradas por acidez refrescante e textura cremosa. Tem final cheio e persistente, com toques salinos, de mel e de ervas frescas.

AD 89

Luis Pato Baga Touriga Nacional 2015

TINTO | BAIRRADA | $$$

Acessível, gostoso de beber e fácil de agradar, mostra profusão de frutas negras maduras bem equilibradas por gostosa acidez e taninos firmes e de grãos finos. Deve ficar ainda melhor na companhia de embutidos.

AD 89

Luis Pato Maria Gomes 2018

BRANCO | BAIRRADA | $$$

Mostra frutas brancas e de caroço maduras seguidas de notas florais e de ervas frescas, tanto no nariz quanto na boca, tudo equilibrado por refrescante acidez e textura cremosa. Para o aperitivo.

M.O.B.

Região:
Dão
Enólogos:
Jorge Serôdio Borges, Jorge Moreira e Francisco Olazabal
Site: -
Enoturismo: -
Importadora: Adega Alentejana

Os renomados enólogos Jorge Serôdio Borges, responsável por criar com sua esposa Sandra Tavares o Pintas (no projeto Wine & Soul), »

Jorge Moreira, do Poeira, e Francisco Olazabal, da Quinta do Vale Meão, criaram em 2011 o M.O.B. (formado pelas iniciais de seus sobrenomes) em uma incursão para produzir vinhos no Dão. A escolha recaiu na Quinta do Corujão, onde arrendaram 15 hectares de vinhas. Localizada a 500 metros de altitude, na região leste do Dão, próximo a Seia (no sopé da Serra da Estrela).

AD 93

M.O.B. Vinha Senna Tinto 2015

TINTO DÃO **$$$$$**

No início estava um pouco fechado, mas depois foi abrindo para mostrar muita fruta vermelha de perfil mais fresco seguida de notas florais, terrosas e de especiarias doces. Mas, é na boca que merece atenção, com seus taninos finos e marcantes, sua vibrante acidez e seu final persistente, com toques de grafite.

AD 91

M.O.B. Lote 3 Tinto 2016

TINTO DÃO **$$$**

Uma ótima introdução ao estilo firme, gastronômico e vertical dos vinhos do Dão. Aqui se tem um perfil de frutas negras mais maduras, mas bem sustentadas por refrescante acidez e taninos firmes. Tem final persistente, com toques salinos, de couro e de ameixas.

AD 91

M.O.B. Vinha Senna Branco 2018

BRANCO DÃO **$$$**

Num estilo de frutas brancas e de caroço maduras, bem sustentadas por refrescante acidez e textura firme e cremosa. Tem final sedutor, com toques cítricos e salinos. Por ser fluido e direto, aparenta ser menos complexo do que realmente é. Atenção com ele.

MAGNUM VINHOS

Regiões:
Dão, Douro, Alentejo e Minho
Enólogo:
Carlos Lucas
Site:www.winemagnum.com
Enoturismo:
Importadoras: Winebrands e Edega

Criada em 2011, a Magnum Vinhos, localizada em Carregal do Sal, tem como protagonista o conceituado enólogo Carlos Lucas, presidente da empresa. O grupo detém diversos projetos, dos quais destaca-se a Quinta do Ribeiro Santo, no Dão (adquirida pela família de Carlos em 1994 e onde foi estabelecido o centro de vinificação da Magnum); em 2018, compraram a Quinta de Santa Maria, também no Dão, que possui 10 hectares de vinhedos e será reestruturada para desenvolver as atividades de enoturismo. No Douro, está a Quinta das Herédias (uma das mais antigas propriedades agrícolas da região). Já no Alentejo, compreende as marcas Maria Mora e Flor de Maio e no Minho, a Quinta de Santana com 23 hectares de vinhedos.

AD 94

Ribeiro Santo Grande Escolha 2012

TINTO | DÃO | **$$$$$**

Um Grande Escolha, que faz jus ao nome. Complexo e exuberante, mas também cheio de finesse. Esbanja frutas negras de perfil mais fresco, equilibradas por pulsante acidez e taninos firmes e de grãos finos. Gastronômico e ainda muito jovem, pede a companhia de carnes vermelhas ensopadas.

AD 94

Ribeiro Santo Vinha da Neve Branco 2014

BRANCO | DÃO | **$$$$$**

Um Dão de carteirinha, mostra frutas brancas e de caroço maduras » seguidas de notas florais, de especiarias doces. Mas, é na boca que merece atenção, com sua textura firme, sua pulsante acidez e seu final longo e persistente, cheio de toques cítricos e salinos. Refinado e preciso.

AD 94

Ribeiro Santo Vinha da Neve Tinto 2012

TINTO | DÃO | $$$$$

Austero e cheio de tensão, mostra frutas vermelhas e negras de perfil mais fresco, acompanhadas de notas especiadas, terrosas, de ervas secas e de violetas. Refinado, impressiona pela acidez pulsante e pelos taninos firmes e de fina textura. Tem final longo, muito longo, com toques salinos e de grafite. Comparado ao Grande Escolha da mesma safra, esse é ainda mais vertical e extremo, mas sem perder em precisão. Um bebê, que deve evoluir muito bem no decorrer dos próximos 20 anos.

AD 93

Ribeiro Santo Touriga Nacional 2013

TINTO | DÃO | $$$$

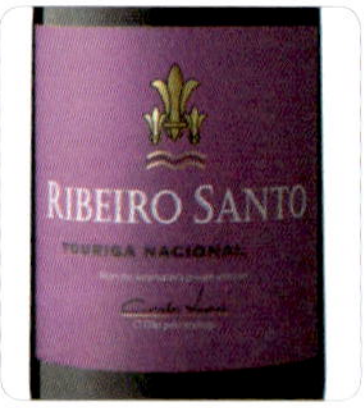

Um Touriga austero, com as típicas notas florais da variedade, mas também com textura firme e acidez pulsante, que conferem fluidez e profundidade ao vinho. Tem final cheio e persistente, com toques salinos, terrosos e de cassis.

AD 92

Ribeiro Santo Encruzado 2016

BRANCO | DÃO | $$$

Fresco e cremoso, mostra frutas brancas e de caroço maduras envoltas por notas florais, de ervas e de especiarias, tudo sustentado por vibrante acidez, textura firme e final cheio e persistente, com toques salinos, cítricos e de abacaxi em calda.

AD 92

Ribeiro Santo Reserva 2013

TINTO DÃO $$$

Tinto composto de Touriga Nacional, Alfrocheiro e Tinta Roriz, com estágio de 10 meses em barricas de carvalho francês. Aqui reinam a acidez refrescante e a ótima textura de taninos, que emolduram as notas de cassis, de ameixas, de ervas e de especiarias. Tenso e estruturado e num estilo mais vertical que cheio, tem final gostoso e persistente, com toques minerais e frutados. Impressiona pela juventude. Está ótimo agora, mas em 5 anos deve ficar ainda melhor.

AD 91

Ribeiro Santo Tinto 2016

TINTO DÃO $$$

Tenso e vibrante, mostra frutas vermelhas e negras de perfil mais fresco, acompanhadas por notas florais, especiadas e de ervas secas, tanto no nariz quanto na boca. Estruturado, tem ótima acidez, taninos de grãos finos e final cativante e persistente, com toques terrosos e de alcaçuz.

AD 90

Flor de Maio 2016

TINTO ALENTEJO $$

Tinto composto de 40% Trincadeira, 40% Aragonez e 20% Syrah, sem passagem por madeira. Mostra a fruta suculenta e corpulenta tão típica do Alentejo, porém bem balanceada por ótima acidez e taninos de boa textura. Os aromas de frutas negras como cerejas e ameixas são acompanhados de notas herbáceas, florais e de especiarias doces. Tem final cativante, com toques terrosos, de amoras e de ameixas.

>>

VINHOS

AD 90

Ribeiro Santo Branco 2015

BRANCO | DÃO | $$$

Num estilo de frutas brancas e de caroço maduras, bem equilibradas por acidez refrescante e textura firme, pedindo mais um gole.

AD 90

Ribeiro Santo Pinha Branco 2015

BRANCO | DÃO | $$

Branco elaborado a partir de Encruzado, Malvasia Fina e Bical, sem passagem por madeira. Neste vinho, quem já sentiu o cheiro de uma pedra de isqueiro vai se identificar. Notas cítricas também aparecem. Na boca, é um vinho fresco e seco, tem acidez refrescante, boa persistência, com toques da parte branca do limão.

AD 90

Ribeiro Santo Pinha Tinto 2017

TINTO | DÃO | $$

Sem passagem por madeira, esbanja frutas vermelhas e negras, bem como notas florais, herbáceas e de especiarias doces. No palato, alia frescor com fruta madura, tudo sustentado por vibrante acidez e taninos tensos e de grãos finos. Tem final persistente e sedutor, com toques terrosos e salinos, que convidam a mais um gole, de preferência na companhia de coelho assado.

MESSIAS

Regiões:
Bairrada, Douro e Dão
Enólogos:
João Soares e Ana Urbano
Site: www.cavesmessias.pt
Enoturismo:
Importadora: Casa Flora

Estabelecida em 1926, por Messias Baptista, a empresa produz e comercializa vinhos em algumas das principais regiões demarcadas de Portugal (Bairrada, Dão, Douro, Beiras e Vinhos Verdes). Com mais de 200 hectares de vinhedos e uma abrangente gama de vinhos, a Messias exporta cerca de 65% de sua produção, distribuída para os cinco continentes. A administração da empresa segue com a família Messias, pelos descendentes das terceira e quarta gerações.

AD 89

Messias Selection Tinto 2015

TINTO	DÃO	$$

Cheio de ameixas e de amoras maduras, seguidas de notas florais, terrosas, de ervas e de especiarias doces. Gastronômico e gostoso em sua rusticidade, tem taninos firmes e acidez refrescante, que pedem a companhia de comida.

MONTE DO ÁLAMO

Região:
Alentejo
Enólogo:
Filipe Sevinate Pinto
Site: www.montedoalamo.com
Enoturismo: -
Importadora: Vinci

Situada em São Miguel de Manchede, no concelho de Évora, a herdade possui cerca de 1.000 hectares de atividade agrícola desenvolvida há mais de 30 anos pela família Noronha Mendes de Almeida. Em 2001, com a recuperação de algumas vinhas velhas, a empresa iniciou a viticultura ocupando uma área de 32 hectares, dos quais 27 são compostos pelas variedades tintas Aragonês, Alicante Bouschet, Trincadeira, Alfrocheiro e Tinta Caiada e 5 hectares pelas brancas Roupeiro, Arinto e Antão Vaz.

»

AD 91

Monte da Guiça Tinto 2016

TINTO ALENTEJO $$$

Mostra notas florais e de alcaçuz envolvendo sua fruta vermelha e negra de perfil mais maduro. A acidez refrescante e os taninos firmes e de ótima textura aportam equilíbrio ao conjunto, convidando a um segundo gole.

AD 90

ETC. Tinto 2016

TINTO ALENTEJO $$$

Esbanja frutas negras maduras e em compota, bem equilibradas por gostosa acidez e taninos granulados. Tem final suculento, com toques terrosos, florais e de especiarias doces.

AD 90

Vinha da Guiça Reserva Tinto 2016

TINTO ALENTEJO $$$$

Mostra frutas negras maduras e em compota bem equilibradas por seus taninos firmes e por sua acidez refrescante. Tem final carnudo e suculento, com toques de alcaçuz.

AD 89

Plateia Selection Branco 2018

BRANCO ALENTEJO $$

Fresco e sedutor, mostra notas florais e de ervas envolvendo toda sua fruta branca e de caroço madura, tanto no nariz quanto na boca. Gostoso de beber e fácil de agradar, tem final com toques salinos e cítricos, que pedem uma segunda taça.

AD 89

Plateia Selection Tinto 2017

TINTO | ALENTEJO | **$$**

As notas de ervas e de especiarias envolvem toda sua fruta, lembrando ameixas e cassis. Os taninos de boa textura e a acidez refrescante, conferem fluidez e equilíbrio ao vinho.

AD 88

Plateia Selection Rosado 2018
ROSÉ | ALENTEJO | **$$**

MONTE DO PINTOR

Região:
Alentejo
Enólogo:
David Patrício
Site: www.montedopintor.com
Enoturismo: 🍷
Importadora: Adega Alentejana

Em 1991 foi estabelecida a Sociedade Agrícola da Sossega, proprietária do Monte do Pintor. Situada no concelho de Arraiolos, a propriedade detém aproximadamente 200 hectares, dos quais 30 são de vinhedos, 80 de montado de sobreiros e os restantes de culturas diversas. Atualmente, são comercializadas as marcas Escultor, Monte do Pintor Reserva, Monte do Pintor e Pequeno Pintor, com uma produção média anual de 90.000 garrafas. >>

VINHOS

AD 91

Monte do Pintor Reserva Tinto 2017

TINTO ALENTEJO **$$$**

Estruturado e potente, tem boa acidez e taninos firmes e finos, que trazem certa sustentação a toda sua fruta madura. As notas florais, de ervas e de especiarias doces aportam certa complexidade ao vinho. Tem final suculento e cativante, com toques de cacau e de chocolate.

AD 90

Monte do Pintor Branco 2018

BRANCO ALENTEJO **$$**

Mostra cativantes notas florais e de erva doce envolvendo toda sua fruta branca. De corpo médio, tem acidez refrescante, gostosa textura e final também médio, com toques cítricos, salinos e de menta.

MONTE DOS PERDIGÕES

Região:
Alentejo
Enólogo:
Pedro Baptista
Site: www.montedosperdigoes.pt
Enoturismo: -
Importadora: Adega Alentejana

Monte dos Perdigões foi residência de duas importantes personalidades da cultura portuguesa, Damião de Góis, historiador e humanista do século XVI, e Luís de Freitas Branco, prestigiado maestro e compositor português. Instituída em 2001, Perdigões é um projeto pessoal de Henrique Granadeiro (empresário alentejano conhecido por sua extensa atividade nos setores público e privado). A equipe enológica é conduzida por Pedro Baptista, também responsável técnico da Adega Cartuxa e da Tapada do Chaves.

AD 91

Tapada do Fidalgo Reserva Tinto 2016

TINTO | ALENTEJO | **$$$**

Ameixas e amoras aparecem por todos os lados, adornadas por notas terrosas, de ervas e de especiarias doces, tanto no nariz quanto na boca. Tem taninos firmes e acidez refrescante, que trazem sustentação e equilibram o conjunto.

AD 89

Tapada do Fidalgo Tinto 2018

TINTO | ALENTEJO | **$$**

Gostoso e fácil de entender, mostra ameixas maduras seguidas de notas terrosas, florais e de especiarias doces. Tem final agradável e cativante, com toques terrosos e de ervas.

MOUCHÃO

Região:
Alentejo
Enólogo:
Paulo Laureano
Site:www.mouchao.pt
Enoturismo: 🍷
Importadora: Adega Alentejana

Localizada em Sousel, alto Alentejo, Mouchão é uma das vinícolas mais reputadas de Portugal, desde sempre nas mãos da família inglesa Reynolds, que veio ao Alentejo interessada no negócio da cortiça. Com o passar do tempo, plantaram também vinhas e, em 1901, construíram a adega, que permanece praticamente inalterada desde então. A propriedade de mais de 900 hectares conta com 40 de videiras, sendo o vinhedo de Carapetos, plantado com uma seleção massal das primeiras mudas de Alicante Bouschet vindas da França (acredita-se que a família Reynolds tenha sido a pioneira a trabalhar com a cepa na região). A Alicante Bouschet representa cerca de metade da uva tinta produzida na herdade e, além dela, há também Trincadeira, Aragonez, Touriga »

Nacional, Touriga Franca e Syrah. As variedades brancas são a Antão Vaz, Arinto, Fernão Pires e Verdelho.

AD 93

Mouchão Tinto 2012

TINTO ALENTEJO $$$$$

Um clássico alentejano no melhor estilo velha escola, com suas notas de couro, de especiarias, de ervas e de tabaco envolvendo toda sua fruta vermelha madura no ponto certo. Tenso e vibrante, tem acidez refrescante, taninos firmes e de grãos finos e final untuoso e persistente, com toques terrosos e de couro. Está jovem ainda e deve ficar ainda melhor no decorrer dos próximos 10 anos.

AD 92

Ponte Branco 2018

BRANCO ALENTEJO $$$

Apresenta notas da passagem da madeira envolvendo toda sua fruta branca e de caroço de perfil mais maduro. Tem acidez vibrante, textura cremosa e final agradável e persistente, com toques salinos e cítricos, que conferem fluidez e equilíbrio ao conjunto.

AD 92

Ponte Tinto 2015

TINTO ALENTEJO $$$

Notas defumadas, florais, de tabaco e de especiarias permeiam toda sua fruta vermelha e negra de perfil mais fresco, tudo sustentado por taninos de ótima textura e vibrante acidez. Tem final perisistente e refinado, com toques terrosos, de eucalipto e de ervas.

AD 90

Dom Rafael Tinto 2016

TINTO ALENTEJO $$$

Esbanja ameixas e amoras maduras escoltadas por notas florais, de ervas e de frutos secos, tanto no nariz quanto na boca. De corpo médio, tem acidez vibrante e taninos finos, que trazem equilíbrio a sua madurez.

OPTA

Regiões:
Dão, Bairrada,
Península de Setubal e Alentejo
Enólogo:
Nuno Cancela de Abreu
Site: www.optawines.com
Enoturismo: 🍷
Importadora: Cantu

Instituída em 2013, a Opta é resultado de uma parceria entre Camilo Leite e o enólogo Nuno Cancela de Abreu. A empresa controla 14 hectares e seu portfólio engloba vinhos produzidos nas regiões do Dão, Bairrada, Península de Setubal e Alentejo. As variedades são Encruzado, Malvasia Fina e Cerceal branco, para as uvas brancas, e Tinta Roriz, Alfrocheiro e Touriga Nacional, para as tintas.

AD 91

Opta Encruzado 2018

BRANCO | DÃO | **$$$**

Branco elaborado exclusivamente a partir de Encruzado, com breve estágio de 2 meses em barricas de carvalho. O resultado é um vinho repleto de frutas brancas e de caroço, seguidas de notas florais, de ervas frescas e de especiarias doces. Mas, é no palato que merece atenção, com sua textura firme e cremosa, sua refrescante acidez e seu final persistente, com toques salinos e cítricos. >>

AD 91 | **Opta Premium Selection Touriga Nacional 2016**

TINTO	DÃO	$$$

Cheio de tipicidade, mostra notas florais e de ervas envolvendo toda sua fruta madura, lembrando ameixas e cassis. Cativante e gastronômico, tem taninos de fina textura, acidez refrescante e final persistente, com toques salinos e de grafite.

AD 90 | **Opta DãoTinto 2017**

TINTO	DÃO	$$

Sempre consistente, mostra frutas vermelhas e negras de perfil mais fresco, seguidas de notas florais, de ervas e especiarias, que se confirmam na boca. Tenso, fluido e gostoso de beber, tem ótima acidez, taninos de grãos finos e final agradável, com toques de ameixas.

PALÁCIO DA BREJOEIRA

Região:
Minho
Enólogo:
João Garrido
Site: www.palaciodabrejoeira.pt
Enoturismo: 🍷
Importadora: Vinci

Localizada na freguesia de Pinheiros, no concelho de Monção, o Palácio da Brejoeira foi construído no início do século XIX. Maria Hermínia Silva d'Oliveira Paes foi peça fundamental na história da propriedade (adquirida pelo seu pai no final da década de 1930), sendo a responsável pela reestruturação da Brejoeira e pela implementação, na década de 1960, dos primeiros hectares de vinhedos da casta Alvarinho. Em 1974,

Paes construiu uma adega e, dois anos mais tarde, em 1976 foi lançado o Palácio da Brejoeira Alvarinho, engarrafado na origem. Instituída como empresa em 1999, a propriedade tem como atividade primária a produção vinícola.

AD 93

Palácio da Brejoeira Alvarinho 2018

BRANCO | MINHO | **$$$$**

Um clássico do Minho e um Alvarinho de carteirinha, com as típicas notas florais, de mel e de especiarias doces envolvendo toda sua fruta branca e de caroço madura. Encanta pela textura cremosa, pela acidez refrescante e pelo final longo, com toques salinos, cítricos e de frutos secos.

PALACIO DO BUÇACO

Região:
Bairrada
Enólogo:
António Rocha
Site: www.almeidahotels.pt
Enoturismo:
Importadora: Mistral

O Palácio do Buçaco começou a ser construído em 1888 e depois foi transformado em hotel de luxo por Alexandre de Almeida. Após visitar hotéis luxuosos na França e perceber que todos ostentavam adegas. Assim, Almeida decidiu criar, em 1917, um vinho do hotel, para que seus hóspedes pudessem se deleitar durante suas estadias. A propriedade trabalha com alguns vinhedos próprios, mas também comprando uvas de produtores locais, com quem têm relações há anos. O blend do tinto costuma ter partes iguais de Baga e Touriga, mas com um toque a mais de Baga, e do branco, a mistura das três castas Encruzado, Maria Gomes e Bical, também costuma ser homogênea, >>

mas sem uma regra fixa. Os vinhos estagiam cerca de três (brancos) ou quatro anos (tintos), todos com um ano de passagem por barricas francesas, antes de serem vendidos. Durante vários anos, o vinho do Buçaco esteve restrito aos hóspedes do hotel (somente lá podia ser degustado, pois não era vendido em outro lugar). Hoje, apesar de algumas poucas garrafas serem comercializadas fora do hotel (o Brasil é um dos poucos países a importar seus vinhos), o nome Buçaco ressoa imponente mundo afora. Por ficar entre a Bairrada e o Dão, o vinho do Buçaco não pertence a nenhuma Denominação de Origem, sendo rotulado apenas como "tinto de mesa".

AD 96

Buçaco Reservado Branco 2014

BRANCO | BAIRRADA | $$$$$

Um dos melhores brancos de Portugal, um clássico. Aqui madurez, untuosidade e cremosidade caminham juntas com tensão, frescor e firmeza, tudo em meio a acidez vibrante, ótima textura e final cheio e persistente, com toques florais, de ervas frescas, de especiarias doces e de camomila. Preciso, fluido e com longa vida pela frente.

AD 95

Buçaco Reservado Tinto 2011

TINTO | BAIRRADA | $$$$$

Ainda um bebê, mas já mostra a que veio, com seus taninos firmes e sua acidez pulsante envolvendo toda sua fruta negra madura, lembrando ameixas, cassis e amoras. As notas terrosas, florais, de couro, de tabaco e de especiarias doces aportam complexidade ao conjunto, num tinto atemporal, que está ótimo agora, mas se tornará excelente no decorrer dos próximos 20 anos.

PAULO LAUREANO VINUS

Região:
Alentejo
Enólogo:
Paulo Laureano
Site: www.paulolaureano.com
Enoturismo: -
Importadora: Adega Alentejana

Criada em 1999, a Paulo Laureano Vinus iniciou com um pequeno vinhedo junto a Évora e, em 2006, o projeto tomou maior forma com a aquisição de 75 hectares de vinhas na região de Vidigueira (Alentejo), onde se estabeleceu a sede da vinícola. Paulo Laureano, um dos mais renomados enólogos portugueses, privilegia as castas portuguesas para produzir seus vinhos e, atualmente, conta com a Aragonez, Trincadeira, Alicante Bouschet, Alfrocheiro, Tinta Grossa e Touriga Nacional, no rol das variedades tintas, e Antão Vaz, Arinto, Roupeiro, Verdelho, Terrantez e Loureiro, na relação das castas brancas.

AD 91

Vinhas Velhas Private Selection Tinto 2016

TINTO ALENTEJO **$$$**

Mostra frutas negras de perfil mais maduro, seguidas de notas florais, de tabaco e de especiarias doces, que se confirmam na boca. No palato, tem acidez refrescante, taninos firmes e final carnudo, com toques de alcaçuz e de ameixas.

AD 90

Vinhas Velhas Branco 2018

BRANCO ALENTEJO **$$**

Mostra frutas brancas e de caroço, seguidas de notas florais, de ervas e de especiarias doces, tudo bem equilibrado por acidez refrescante e textura firme e cremosa, convidando a uma segunda taça. >>

AD 90

Vinhas Velhas Tinto 2017

TINTO | ALENTEJO | **$$$**

Austero, fluido e gostoso de beber, mostra profusão de frutas vermelhas e negras maduras, bem equilibradas por gostosa acidez e taninos de grãos finos, que conferem projeção e certa profundidade ao vinho.

PESSOA WINES

Regiões:
Beira Interior, Minho e Douro
Enólogo:
Jorge Gonçalves
Site: www.pessoawines.com
Enoturismo: -
Importadora: World Wine

Pessoa Wines nasceu em 2009 de uma parceria entre o enólogo Jorge Gonçalves e a vinícola sul-africana Man Family Wines. Natural da Alemanha, Gonçalves decidiu empreender na terra de seus pais, primeiramente no Douro, onde já havia trabalhado como enólogo em uma pequena quinta em Cima Corgo; em 2013, no Minho; e mais recentemente, em 2018, na região da Beira Interior, ao lado do rio Tejo. O portfólio da Pessoa Wines engloba as linhas Terroir, Heteronyms e Season. A empresa conta com grande contribuição de brasileiros, com Lívia Novais, (sommelière e esposa de Jorge) como diretora de marketing e com artistas na criação dos rótulos, inspirados no cinema e nas cenas da história portuguesa.

AD 89

Summer Wine Branco 2018

BRANCO | MINHO | $$

Dentro de seu estilo tradicional com as famosas agulhas, mostra frutas brancas e cítricas maduras equilibradas por gostosa acidez e final agradável. Para o aperitivo.

AD 87

Pessoa Wines Terroir Blend Vinho Verde 2017

BRANCO | MINHO | $$

POÇAS

Região:
Douro
Enólogo:
Jorge Manuel Pintão
Site: www.pocas.pt
Enoturismo:
Importadora: Cantu

Fundada em 1918, a empresa familiar Poças, em seus primórdios, produzia apenas aguardente vínica para companhias de vinho do Porto, como a Casa Ferreira. Em 1934, com o monopólio estatal imposto pelo governo Salazar para a distribuição de aguardentes, a empresa converteu-se em produtora de vinho do Porto. Hoje, além de vários estilos de Porto, Poças produz também uma gama de vinhos tranquilos (tintos e brancos). O grupo detém três quintas no Douro, distribuídas uma em cada sub-região, a Quinta das Quartas (Baixo Corgo), onde é o centro de vinificação da Poças >>

e possui uma área de 2,5 hectares de vinhas; a Quinta de Santa Bárbara (Cima Corgo) com uma extensão de 33 hectares cultivados; e a Quinta de Vale de Cavalos (Douro Superior) com 51 hectares de vinhedos.

AD 94

Poças Símbolo 2015

TINTO DOURO **$$$$**

Tinto elaborado exclusivamente a partir de Vinhas Velhas, com estágio de 18 meses em barricas novas de carvalho francês de 300 litros. O resultado é um vinho cheio de frutas negras como ameixas e amoras acompanhadas de notas florais, de ervas, de especiarias doces e de tabaco, que aparecem tanto no nariz quanto na boca. Cheio e opulento, mas também vertical e tenso, chamando atenção pela ótima acidez, pelos taninos de grãos finos e pelo final longo, com toques de grafite. Um tinto austero e ainda jovem, que vai ficar melhor nos próximos 10 anos.

AD 93

Poças 20 Years Old Tawny Port

FORTIFICADO DOURO **$$$$$**

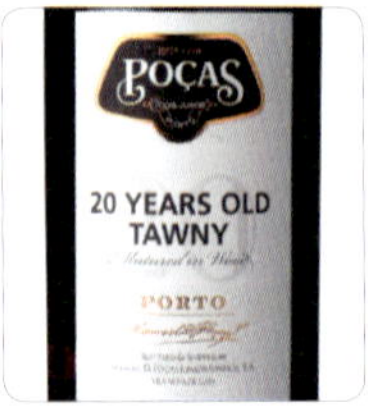

Cativante e complexo, mostra notas florais, de cascas de cítricos, tostadas e de frutos secos, tanto no nariz quanto na boca. Tem bom volume de boca, ótimo equlíbrio entre acidez e doçura, taninos de grãos finos e final longo e persistente, com toques de figos secos, de tâmaras e de baunilha.

AD 92

Poças Reserva Tinto 2015

TINTO DOURO **$$$**

Tinto composto de 80% Vinhas Velhas e 20% Touriga Nacional, com estágio de 12 meses em barricas de carvalho francês de 300 litros. Complexo e exuberante, mostra notas de cassis e de amoras acompanhadas de notas florais, de ervas e de especiarias doces. Estruturado e sedutor, tem ótimo volume boca, taninos de grãos finos e final suculento e persistente, com toques salinos, herbáceos e de grafite, pedindo mais um gole.

AD 91

Poças Vale de Cavalos Tinto 2016

TINTO | DOURO | **$$$**

Tinto composto de Touriga Nacional, Touriga Franca, Tinta Roriz e Tinta Barroca, com estágio de 20% do vinho em barricas usadas de carvalho francês. Mostra exuberantes notas florais, de ervas e de especiarias acompanhando toda sua fruta, que lembra ameixa e amora. Estruturado, tem taninos de boa textura, refrescante acidez e final persistente, com toques de alcaçuz e de grafite.

AD 89

Poças Porto Tawny

FORTIFICADO | DOURO | **$$**

Um Tawny direto, com notas florais e de especiarias doces envolvendo suas frutas secas e em compota. Tem bom equlíbrio entre acidez e doçura e tem final com toques de baunilha.

PROVAM

Região:
Minho
Enólogo:
Abel Codesso
Site: www.provam.com
Enoturismo: 🍷
Importadora: Casa Flora

Estabelecida em 1992, a Produtores de Vinhos Alvarinho de Monção (PROVAM) é uma sociedade de quotas que conta com 10 sócios produtores » de uvas localizados em Monção e Melgaço, área reconhecida por produzir os melhores vinhos de Alvarinho de Portugal. Com capacidade instalada de 510.000 litros, a PROVAM vinifica as uvas dos fundadores e as de um grupo de pequenos viticultores da região, alguns deles fornecem à empresa há mais de 20 anos. O enólogo é o engenheiro Abel Codesso, profissional com mais de duas décadas de experiência com a casta Alvarinho, inclusive trabalhou cerca de sete anos em Rías Baixas, na Espanha (outra região com excelente expressão da variedade, lá conhecida como Albariño).

AD 91

Portal do Fidalgo Alvarinho 2018

BRANCO MINHO **$$$**

Mais uma ótima versão desse Alvarinho frutado e que esbanja tipicidade. Nessa safra, mostra frutas brancas e de caroço maduras envoltas por notas florais, de ervas frescas, de mel e de frutos secos, que se confirmam no palato. De corpo médio e gostoso de beber, tem acidez vibrante, textura firme e cremosa e final com toques salinos e de limão siciliano, que pedem uma segunda taça.

QUANTA TERRA

Região:
Douro
Enólogos:
Celso Pereira e Jorge Alves
Site: www.quantaterradouro.com
Enoturismo: 🍷
Importadora: Adega Alentejana

Os enólogos Celso Pereira e Jorge Alves, após dois anos de estudos em diversas propriedades na região do Douro, iniciaram uma sociedade em 1998, com o projeto Quanta Terra. A escolha recaiu na Quinta do Tralhão, localizada no Douro Superior, e no ano seguinte, a partir de uma parceria estabelecida com Mário Joaquim (dono da propriedade), lançaram o primeiro vinho, o Quanta Terra Tinto 1999. A produção atual engloba as referências Pouca Terra, Terra a Terra, Quanta Terra Grande Reserva (todos com opções de tinto e de branco) e as edições especiais Golden Edition Branco e Manifesto Tinto.

AD 93

Quanta Terra Grande Reserva Branco 2017

BRANCO DOURO $$$$

Mostra frutas brancas e de caroço maduras bem equilibradas por pulsante acidez e textura firme e cremosa. Fluido e persistente, tem final com toques salinos e cítricos. Um branco jovem, que tem tudo para ficar ainda melhor nos próximos 5 anos.

AD 93

Quanta Terra Grande Reserva Tinto 2013

TINTO DOURO $$$$

No nariz é um vinho maciço com frutas e ervas. Fascinante em boca, revela a transformação rumo aos aromas terciários. Ameixa vivíssima e bela estrutura com taninos de textura granulada e acidez presente e muita mineralidade. Um vinho que revela o sol domado em sua criação. Conjunto poderoso com o uso de madeira na medida para contribuir à estrutura do vinho com equilíbrio.

AD 91

Pouca Terra Tinto 2016

TINTO DOURO $$

Tinto composto a partir de uvas Touriga Francesa, Touriga Nacional, Tinta Barroca, Tinta Roriz e Sousão, sem passagem por madeira. Mostra aromas de ameixas e de cerejas maduras escoltados por notas terrosas, florais e herbáceas. Suculento e cativante, tem ótima acidez, taninos sedosos e final cheio e persistente, com toques de grafite e de cacau, pedindo uma segunda taça.

QUEVEDO WINES

Região:
Douro
Enóloga:
Cláudia Quevedo
Site: www.quevedoportwine.com
Enoturismo:
Importadora: Edega

A tradição da família Quevedo na indústria do vinho remonta de 1889, inicialmente na produção de uvas e vinho do Porto para vender aos comerciantes de Vila Nova de Gaia. Hoje, a Quevedo Wines controla 114 hectares de vinhedos, distribuídos em seis quintas no vale do Douro, nas sub-regiões do Cima Corgo e do Douro Superior. Atualmente, a propriedade é administrada por Oscar Quevedo, fundador da vinícola, com a ajuda de sua esposa Beatriz Morais Quevedo e seus filhos Oscar Jr. e Cláudia.

AD 93

Q Grande Reserva 2014

TINTO DOURO $$$$$

Potente, denso, mas muito preciso e equilibrado, mostra ameixas e cassis maduros escoltados por notas florais, de ervas secas, de couro e de especiarias doces, que se confirmam no palato. Encorpado, tem acidez vibrante, taninos finíssimos e final longo e profundo, com toques terrosos, salinos e de grafite. Paciência com ele na taça, para que mostre todas as suas camadas.

AD 90

Oscar's Quevedo Red 2017

TINTO DOURO $$$

Muito em linha com o estilo fluido e gostoso de beber do seu irmão branco, aqui se tem muita fruta, lembrando ameixas e amoras maduras, seguidas de notas florais, de ervas e de especiarias doces. De corpo médio, tem acidez na medida, taninos de boa textura e final agradável e persistente, com toques terrosos e especiados.

AD 91

Claudia's Quevedo Reserve White 2017

BRANCO | DOURO | $$$

Mostra notas florais, de ervas e de especiarias doces envolvendo toda sua fruta madura, lembrando pêssegos e maçãs. No palato, tem bom volume, vibrante acidez, textura firme e cremosa e final agradável, com toques salinos e de limão siciliano.

AD 90

Oscar's Quevedo White 2018

BRANCO | DOURO | $$$

Frutado e gostoso de beber, mostra frutas brancas e de caroço maduras, seguidas de notas florais e de ervas frescas, tudo equilibrado por gostosa acidez, textura cremosa e final com toques salinos e cítricos.

QUINTA DA ALORNA

Região:
Tejo
Enóloga:
Martta Simões

Site: www.alorna.pt
Enoturismo:
Importadora: Adega Alentejana

A Quinta da Alorna, perto de completar três séculos, teve sua história iniciada em 1723 - data estampada no rótulo dos vinhos que hoje produz »

– com a compra da enorme propriedade às margens do Tejo por D. Pedro de Almeida Portugal, que viria a tornar-se o primeiro Marquês de Alorna. Na segunda metade do século XVIII, a propriedade tornou-se um polo de intensa atividade social e artística, principalmente com D. Leonor de Almeida Lorena e Lencastre, neta de D. Pedro, a quarta (e mais famosa) Marquesa de Alorna. Ela escreveu um vasto conjunto de obras e influenciou outros poetas do arcadismo português na época. O nome "Marquesa de Alorna", que hoje identifica os vinhos top da quinta, foi dado em sua homenagem. Em 1918, a quinta passou às mãos dos atuais proprietários, quando foi comprada por Manoel Caroça, que progressivamente transferiu a gestão dos negócios à filha Fernanda e ao genro Fausto Lopo de Carvalho. Hoje, a vinícola compõe-se de duas empresas, administradas pela quarta e quinta gerações da família, e produz aproximadamente 2,5 milhões de garrafas de vinho por ano.

AD 92

Marquesa de Alorna Grande Reserva Tinto 2015

TINTO | TEJO | **$$$$**

Muito alinhado com o estilo mais velha escola da casa, mostra notas terrosas, de couro, de cacau e de especiarias envolvelvendo toda sua fruta vermelha e negra de perfil mais fresco. Tem acidez vibrante, taninos de ótima textura e final persistente, confirmando o nariz.

AD 91

Quinta da Alorna Reserva Branco 2017

BRANCO | TEJO | **$$$**

Chama atenção pela textura cremosa e pela acidez vibrante, que envolve e traz sustentação a toda sua fruta branca e de caroço de perfil mais fresco. Não se engane com ele, por ser direto e fluido, parece ser menos complexo do que realmente é. Um verdadeiro lobo em pele de cordeiro.

AD 90

Quinta da Alorna Reserva Tinto 2016

TINTO TEJO **$$$**

Bem feito nesse estilo mais velha escola, gastronômico e com uma rusticidade cativante, que convida a uma segunda taça. Tem taninos marcantes, acidez refrescante e final persistente, com toques especiados, terrosos e de ameixas.

QUINTA DA BOAVISTA

Região:
Douro
Enólogos:
Rui Cunha e Jean-Claude Berrouet
Site: www.quintadaboavista.pt
Enoturismo: 🍷
Importadora: Winebrands

Localizada perto do Pinhão, na margem direita do Douro, a Quinta da Boavista foi referenciada duas vezes nos históricos mapas de Joseph James Forrester (escritor, acadêmico e artista do século XIX, foi o primeiro a cartografar o rio Douro e a região). Em sua história mais recente, a vinícola pertenceu ao grupo Sogrape de 1995 até 2013, quando foi adquirida pela atual proprietária, a empresa Lima & Smith. Nessa nova gestão, a Quinta da Boavista conta com a consultoria de Jean-Claude Berrouet (enólogo do Château Pétrus por 44 anos) e Rui Cunha, renomado enólogo português.

AD 94

Boa-Vista Reserva 2015

TINTO DOURO **$$$$$**

Blend de Touriga Nacional, Touriga Franca e Tinta Barroca advindas parte de vinhas velhas, com estágio entre 15 e 20 meses em barricas de carvalho francês. Concentrado e potente, mostra ameixas acom- »

panhadas de notas florais e de ervas, além de toques especiados, de chocolate e de alcaçuz, tudo sustentado e equilibrado por gostosa acidez e taninos finos e de excelente textura. Ainda está jovem, mas já mostra a precisão e a finesse dos grandes vinhos.

AD 94

Quinta da Boavista Vinha do Oratório 2015

TINTO | DOURO | $$$$$

Tinto composto de 25 castas durienses (Vinhas Velhas) advindas exclusivamente do vinhedo Oratório, de idade média superior a 80 anos, com estágio de 18 meses em barricas de carvalho francês. Comparado ao Reserva do mesmo ano, esse apresenta uma progressão em termos de profundidade, complexidade e frescor. Um Douro de carteirinha, que mostra a faceta untuosa e potente dos grandes tintos da região, de forma precisa, compacta e cheia de finesse.

AD 94

Quinta da Boavista Vinha do Ujo 2014

TINTO | DOURO | $$$$$

Tinto composto de 25 castas durienses (Vinhas Velhas) advindas exclusivamente do vinhedo Ujo, de idade média superior a 80 anos, com fermentação em barricas de carvalho francês de 500 litros e posterior estágio de 16 meses também em carvalho. Um grande exemplo de qualidade nessa safra mais complicada, apesar de ter menos volume de boca e profundidade, se comparado ao 2013.

AD 93

Boa-Vista Touriga Nacional 2016

TINTO | DOURO | $$$$

Um Touriga de carteirinha. Sedutor, mostras notas florais, especiadas e de ervas envolvendo toda sua fruta, lembrando cassis, ameixas e amoras, tudo equilibrado por refrescante acidez e taninos finos e de ótima textura, que conferem fluidez e profundidade ao vinho. Tem final cheio e persistente, com toques de violetas e de grafite.

QUINTA DA CALÇADA

Região:
Minho
Enólogo:
João Cabral Almeida
Site: www.calcadawines.com
Enoturismo:
Importadora: World Wine e La Pastina

Constituída em 1917, por Lago Cerqueira, a Quinta da Calçada está localizada na sub-região de Amarante, relevante denominação de origem da região dos Vinhos Verdes. Dos mais de 50 hectares de vinhas administrados, destaca-se uma parcela, de aproximadamente 0,5 hectare, certificada como a mais antiga dos Vinhos Verdes. Em 2001, a empresa incorporou um hotel ao projeto Calçada, o qual, dois anos mais tarde, foi integrado a rede Relais & Châteaux.

AD 92

Quinta da Calçada Vinhas Velhas Branco 2015

BRANCO MINHO $$$

Num estilo de frutas tropicais e de caroço mais maduras, tem gostosa acidez, textura cremosa, bom volume de boca e final persistente, com toques amanteigados, florais, cítricos e de especiarias doces. Complexo, chama atenção pelo frescor e equilíbrio do conjunto.

AD 91 | Quinta da Calçada Reserva Branco 2016

BRANCO MINHO **$$$**

De coloração amarelo palha, com passagem de 8 meses em barrica de carvalho francês, apresenta notas cítricas como abacaxi finalizando com camomila. Um vinho atraente no aroma. Boca equilibrada e com bom corpo, mostra leve tostado e notas minerais de fundo de boca, com a madeira bem integrada com sua acidez.

AD 90 | Quinta da Calçada Terroir Reserva Alvarinho 2018

BRANCO MINHO **$$$**

Produzido com a casta Alvarinho, mostra aromas de pêssegos e de flores brancas finalizando com toques salinos. Boca com bastante sabor de frutas cítricas e acidez bem integrada e refrescante.

AD 89 | Lago Cerqueira Branco 2018

BRANCO MINHO **$$**

Traz aromas característicos, como frutas tropicais, frutas cítricas e notas herbáceas. Em boca, revela sutileza, com acidez agradável, fruta fresca, final herbáceo e boa persistência. Uma ótima companhia para um dia de sol na piscina ou na praia.

AD 89 | Lago Cerqueira Rosé 2018

ROSÉ MINHO **$$**

Cheio de frescor e levemente frisante. Típico vinho de piscina, traz notas de morangos e de groselhas. Um vinho leve, produzido com a casta Vinhão, apresenta um certo dulçor e é refrescante e fácil de beber.

AD 89

Portal da Calçada Cuvée Prestige Brut

ESPUMANTE MINHO $$$

Branco espumante brut elaborado pelo método Charmat e composto de Arinto e Loureiro. Fresco, aromático e cítrico, mostra notas de ervas e de flores envolvendo suas frutas brancas e cítricas de perfil mais maduro. Tem vibrante acidez, textura cremosa e final salino. Gostoso, direto, fácil de agradar e de entender.

AD 89

Portal da Calçada Reserva Vinho Verde 2018

BRANCO MINHO $$$

Refrescante e gostoso de beber, tem acidez vibrante, textura cremosa e final com toques salinos e cítricos, que pedem uma segunda taça.

QUINTA DA FALORCA

Região:
Dão
Enólogos:
Carlos Figueiredo e Pedro Figueiredo
Site: www.qve.pt
Enoturismo: 🍷
Importadora: World Wine

Localizada em Silgueiros (Dão), a Quinta Vale das Escadinhas é administrada pela quinta geração da família Figueiredo. Também conhecida como Quinta da Falorca, designação atribuída ao rótulo de » seus vinhos, a vinícola lançou o primeiro vinho com marca própria em 1999, antes trabalhava em parceria com cooperativas. A Falorca segue os princípios da agricultura sustentável e, com 13 hectares de vinhedos, produz aproximadamente 85% de uvas tintas (Touriga Nacional, Tinta Roriz, Alfrocheiro, Tinta Pinheira e Jaen) e 15% de castas brancas (Encruzado e Malvasia).

AD 94 | **Quinta da Falorca Garrafeira Old Vines 2011**

TINTO | DÃO | $$$$$

Este corte, com base na Touriga Nacional (75%) apresenta frutas maduras no nariz e na boca. Tudo amparado pela madeira e taninos rugosos e presentes. Tem a tradição e toques mais rústicos que no Dão convertem-se em elegância com os anos. Traz o floral tão característico da Touriga Nacional em seu berço. Vai abrindo em taça e se mostrando cada vez mais complexo e floral. Frutas azuis como mirtilos maduros vão aparecendo aos poucos e dominando o espectro.

AD 93 | **Quinta da Falorca Lagar Reserva 2014**

TINTO | DÃO | $$$$

Sedutor e cativante, mostra notas florais, mentoladas e de especiarias doces envolvendo toda sua fruta negra de perfil mais fresco, tanto no nariz quanto na boca. Tenso e vibrante, tem acidez pulsante, taninos firmes e de grãos finos e final suculento e longo, com toques salinos, de grafite e de alcaçuz.

AD 93 — Quinta da Falorca Touriga Nacional 2012

TINTO | DÃO | **$$$$**

Apresenta as típicas notas florais da cepa, envolvendo toda sua fruta negra madura. Mas, é na boca que merece atenção, com sua vibrante acidez, seus taninos tensos e firmes e seu final profundo e persistente, com toques de cassis, mirtilos e de couro.

AD 92 — Quinta da Falorca Reserva Encruzado 2018

BRANCO | DÃO | **$$$**

Mostra frutas brancas e de caroço seguidas de notas florais, de camomila e de frutos secos, que se confirmam no palato. Tenso e fresco, tem vibrante acidez, taninos firmes e final agradável, com toques cítricos e salinos, que pedem um segundo gole.

AD 92 — T-nac by Falorca 2010

TINTO | DÃO | **$$$**

Tinto elaborado exclusivamente a partir de Touriga Nacional, com estágio de 50% do vinho em barricas novas de carvalho francês. Sempre consistente, mostra ameixas, cassis e amoras escoltadas por típicas notas florais, herbáceas e de especiarias, que se confirmam no palato. Estruturado e austero, tem taninos de grãos finos e de boa textura, acidez refrescante e final persistente, com toques terrosos e de couro.

»

AD 91

Quinta da Falorca Colheita 2012

TINTO DÃO **$$$**

Mostra notas terrosas, especiadas e de ervas envolvendo toda sua fruta vermelha e negra de perfil mais fresco. Tem taninos firmes, acidez refrescante e final persistente e suculento, com toques de tabaco e de couro.

AD 91

Quinta da Falorca Tinto 2012

TINTO DÃO **$$$**

Tinto composto de 60% Touriga Nacional, 15% Alfrocheiro, 10% Tinta Roriz, 10% Jaen e 5%, com estágio de 50% do vinho durante 6 meses em barricas de carvalho francês. Mostra aromas de framboesas, cerejas e amoras seguidos de agradáveis notas florais, terrosas, de ervas frescas e de especiarias, que se confirmam na boca. Estruturado, tem bom volume de boca, gostosa acidez e taninos de boa textura e final persistente, com toques mentolados e de grafite.

QUINTA DA LAGOALVA DE CIMA

Região:
Tejo
Enólogos:
Diogo Campilho e Pedro Pinhão
Site: www.lagoalva.pt
Enoturismo: 🍷
Importadora: Mistral

A Quinta da Lagoalva, localizada na freguesia de Santo Eustáquio de Alpiarça, foi uma das pioneiras em acreditar no potencial da região do Tejo. Os 45 hectares de vinhedos são constituídos com variedades portuguesas e internacionais, com as brancas Sauvignon Blanc, Alvarinho, Arinto, Fernão Pires, Verdelho e Chardonnay e as tintas Touriga Nacional, Alfrocheiro, Tinta Roriz, Cabernet Sauvignon, Syrah, Tannat e Castelão. A vinícola também se dedica a produção de azeites, provenientes de oliveiras de origem italiana plantadas há cerca de 200 anos, com as variedades Frantoio e Moraiolo.

AD 93

Dona Isabel Juliana 2012

TINTO | TEJO | **$$$$$**

Tinto elaborado exclusivamente a partir de Alfrocheiro Preto, Alicante Bouschet, Tannat e Syrah, com estágio 14 meses em barricas novas e usadas de carvalho francês. Austero nos aromas, precisou de algum tempo na taça para mostrar frutas vermelhas seguidas de notas florais, minerais, de ervas e de especiarias. É firme, impressionando pela vibrante acidez e pela precisão e textura de taninos, que trazem equilíbrio a toda sua madurez.

AD 91

Quinta da Lagoalva Talhão 1 2018

BRANCO | TEJO | **$$$**

Fresco, cativante e gostoso de beber, mostra frutas brancas e cítricas de perfil mais fresco, escoltadas notas florais, salinas e de ervas. Tem textura cremosa e firme, ótima acidez e final persistente, confirmando o nariz. Aqui menos é mais, num autêntico lobo em pele de cordeiro.

AD 90

Lagoalva Branco 2018

BRANCO | TEJO | **$$**

Uma ótima relação entre qualidade e preço aqui. Mostra frutas brancas e cítricas acompanhadas de notas florais e de ervas aromáticas, tanto no nariz quanto na boca. De corpo médio, tem acidez pulsante, bom volume de boca e textura firme, que aporta certa profundidade ao vinho. Tem final cativante, com toques salinos e de limão siciliano.

>>

AD 90

Monte da Casta 2016

TINTO TEJO $$$

Sempre consistente, nessa safra esbanja frutas vermelhas e negras, lembrando amoras, ameixas e framboesas, além de toques florais, herbáceos e de especiarias. Gostoso de beber e de corpo médio, tem acidez refrescante, taninos aveludados e final cativante, com toques terrosos e frutados.

AD 90

Quinta da Lagoalva Reserva 2016

TINTO TEJO $$$

Bem feito nesse estilo de maior madurez e sensação de dulçor, com acidez na medida e taninos firmes e de grãos finos, que trazem equilíbrio ao conjunto. Para as carnes vermelhas ensopadas.

AD 89

Lagoalva Rosado 2018

ROSÉ TEJO $$

Leve e refrescante, mostra frutas brancas e vermelhas frescas acompanhadas de notas florais e de ervas. No palato, tem boa acidez e final agradável, pedindo a companhia de entradas leves em geral.

AD 89

Lagoalva Tinto 2018

TINTO TEJO $$

Aqui menos é muito mais. Despretensioso e gostoso de beber, mostra frutas vermelhas e negras de perfil mais fresco, bem sustentadas por taninos aveludados e refrescante acidez.

QUINTA DA PELLADA

Região:
Dão
Enólogos:
Magalhães Coelho,
Maria Castro e Ataíde Semedo
Site: www.quintadapellada.com
Enoturismo: -
Importadora: Mistral

A Quinta da Pellada possui referências históricas datadas do século XVI, por volta de 1570. Estabelecida na região do Dão, em 1980 a quinta foi herdada por Álvaro de Castro, um engenheiro civil que se dedicou a recuperar a tradição familiar na produção do vinho interrompida há duas gerações. A propriedade ainda administra mais duas vinícolas, a Quinta de Saes (igualmente antiga na atividade agrícola) e a Outeiro (que foi primeiramente alugada e depois integrada à Casa da Passarela, dando origem ao rótulo PAPE - acrônimo de Passarela e Pellada). A equipe enológica é composta pelos engenheiros Magalhães Coelho, Maria Castro (filha de Álvaro) e Ataíde Semedo.

AD 95

Carrocel 2012

TINTO | DÃO | **$$$$$**

Num estilo de frutas vermelhas e negras mais maduras, mas também fresco, tenso e vibrante, chamando atenção pela acidez e taninos de ótima textura. Longo e profundo, com toques salinos e de grafite. Um grande vinho. Ótimo exemplo de tinto opulento, untuoso e também elegante.

AD 95

Quinta da Pellada Primus 2015

BRANCO | DÃO | **$$$$$**

Sempre entre os melhores brancos do Dão e de Portugal, nessa safra esbanja frutas brancas e de caroço maduras, seguidas de notas florais, de ervas e de especiarias doces. Mas, é na boca que merece atenção, » com sua acidez vibrante, sua textura tensa e firme e seu final carnudo e profundo, com toques cítricos e salinos, que pedem uma segunda taça. Tenha paciência com ele, para que mostre todo seu potencial.

AD 93

Doda 2012

TINTO | DÃO | $$$$$

Mescla perfeita entre a fruta opulenta do Douro, com a sensação de mineralidade e textura de taninos do Dão. Fluido, equilibrado, chamando pela acidez vibrante e pelo final profundo e refinado.

AD 93

Quinta da Pellada Tinto 2012

TINTO | DÃO | $$$$$

Impressiona pela juventude. Mostra notas florais, tostadas, terrosas e de ervas envolvendo toda sua fruta vermelha e negra de perfil mais fresco. Estruturado e profundo, mostra acidez vibrante, taninos de ótima textura e final cativante, com toques de grafite.

AD 92

Quinta de Saes Reserva Encruzado 2015

BRANCO | DÃO | $$$$

De ótima tipicidade, mostra frutas brancas e de caroço maduras, seguidas de notas florais e de ervas, que se confirmam no palato. Austero e gostoso de beber, chama atenção pela acidez vibrante e pelo ótimo volume de boca. Tem final persistente, com toques salinos e de limão siciliano.

AD 92

Quinta de Saes Reserva Estágio Prolongado 2014

TINTO | DÃO | $$$$

Num estilo de fruta mais madura e também de mais estrutura e volume de boca, mas com acidez vibrante e taninos marcantes e de grãos finos que sustentam e equilibram o conjunto. Está bom agora, mas tem tudo para ficar ainda melhor nos próximos 5 anos.

AD 92

Quinta de Saes Tinto 2015

TINTO | DÃO | $$$

Mostra frutas vermelhas e negras de perfil mais fresco acompanhadas de notas florais, de ervas e de especiarias, que se confirmam na boca. Tenso e linear, tem taninos firmes, acidez vibrante e final persistente, com toques terrosos, salinos e de cerejas.

AD 91

Quinta de Saes Branco 2017

BRANCO | DÃO | $$$

Mostra notas florais e de ervas frescas envolvendo toda sua fruta branca e de caroço. No palato, tem acidez refrescante, taninos de boa textura e final persistente e suculento, com toques salinos e de limão siciliano, que convidam a uma segunda taça.

QUINTA DA PONTE PEDRINHA

Região:
Dão
Enóloga:
Patrícia Osório Carvalho
Site: -
Enoturismo: 🍷
Importadora: Mistral

Instalada entre Seia e Gouveia, perto do sopé da Serra da Estrela, a Quinta da Ponte Pedrinha pertence à mesma família há mais de três séculos e, atualmente, é gerida pela Maria de Lourdes Mendes Oliva Nunes Osório. São cerca de 57 hectares de vinhedos, dos quais aproximadamente 7 são compostos por vinhas velhas com mais de 45 anos. As variedades plantadas são as brancas Encruzado, Cercial, Malvasia Fina, Bical e Verdelho e as tintas Touriga Nacional, Tinta Roriz, Jaen e Alfrocheiro. »

AD 93 **Quinta da Ponte Pedrinha Reserva 2011**

TINTO	DÃO	$$$$

Redondo e aveludado, tem frutas vermelhas e negras de perfil mais maduro, mas bem equilibradas por taninos firmes e acidez refrescante. Tem final longo e persistente, com toques terrosos, salinos e de ameixas.

AD 91 **Quinta da Ponte Pedrinha Branco 2016**

BRANCO	DÃO	$$$

Chama atenção pela qualidade de fruta branca e de caroço, bem equilibradas por acidez refrescante e firme textura. Tem final suculento, com toques florais, salinos e de frutos secos.

AD 91 **Quinta da Ponte Pedrinha Tinto 2016**

TINTO	DÃO	$$$

Num estilo gastronômico e de frutas vermelhas mais frescas, tudo em meio a gostosa acidez e taninos de boa de textura, que conferem profundidade ao conjunto.

QUINTA DAS CORRIÇAS

Região:
Trás-os-Montes
Enólogo:
Sampaio Arnaldo
Site: www.quintadascorriças.pt
Enoturismo: 🍷
Importadora: O Português

Constituída em 2008, a Quinta das Corriças é, atualmente, conduzida por Telmo Moreira. Situada no Vale de Salgueiro (Trás-os-Montes), a empresa possui 20 hectares de vinhas, dos quais cerca de 12,5 compõem-se de vinhas velhas e os 7,5 restantes foram remodelados com variedades típicas da região, como, por exemplo, a Bastardo, Tinta Roriz, Touriga Nacional, Touriga Franca, Bastardo Russo, Tinta Amarela e Gouveio, entre outras.

AD 90

Quinta das Corriças Tinto 2012

TINTO TRÁS-OS-MONTES **$$**

Mostra ameixas e amoras maduras seguidas de notas florais, de ervas e de especiarias doces, tanto no nariz quanto na boca. Fluido e gostoso de beber, chama atenção pelos taninos macios e pela acidez vibrante, que pedem a companhia de comida. Tem final suculento e agradável, com toques de cacau e de cerejas.

QUINTA DAS TECEDEIRAS

Região:
Douro
Enólogo:
Rui Cunha
Site: www.quintadastecedeiras.pt
Enoturismo: -
Importadora: Winebrands

Conhecida até o final do século XX como Quinta da Teixeira ou Teixeira Velha, o nome Quinta das Tecedeiras foi adotado por razões comercias. Quando pertencia ao condado de S. Pedro das Águias, a propriedade era habitada por freiras e monges que cultivavam linho e criavam bicho-da-seda, posteriormente os produtos eram transformados e vendidos. A cultura das oliveiras deve-se, boa parte, ao período em que as vinhas foram destruídas pela filoxera e, até hoje, é um item explorado na quinta. Localizada no concelho de São João da Pesqueira, sub-região do Cima Corgo, a vinícola detém 67 hectares e produz uma gama de vinhos DOC Douro e vinhos do Porto. Em 2013, o grupo Lima & Smith (proprietários da Quinta de Covela e da Boavista) comprou a marca Quinta das Tecedeiras e o direito de exploração agrícola. >>

AD 93 — Quinta das Tecedeiras Vintage Port 2014

FORTIFICADO | DOURO | $$$$

Tinto fortificado doce de pequena produção - apenas 1.000 garrafas - composto de Touriga Nacional, Tinta Roriz, Touriga Franca, Tinto Cão, Tinta Barroca e Tinta Amarela, com estágio em barricas usadas de carvalho francês até seu engarrafamento em 2016. Supreende pelo perfil mais tenso, vertical e fresco, mostrando ameixas e cassis em abundância, acompanhados de notas minerais, especiadas e de violeta. Ainda jovem, tem taninos de ótima textura, vibrante acidez e final untuoso e persistente, com toques frutados e de grafite. Está muito gostoso de beber agora, mas tem todos os requisitos para estar ainda melhor nos próximos 20 anos.

AD 92 — Quinta das Tecedeiras Porto Colheita 2008

FORTIFICADO | DOURO | $$$$

Instigante aroma a tabaco e cânfora se revela e conduz ao frescor e elegância. Em boca, é muito equilibrado com vibração e excelente acidez. O fim de boca é delicioso e limpo. Os aromas terciários contribuem muito para este vinho e convidam a resistir e acompanhar a evolução na taça.

AD 92 — Quinta das Tecedeiras Reserva Tinto 2014

TINTO | DOURO | $$$$

Tinto composto de Touriga Nacional, Tinta Roriz, Touriga Franca, Tinto Cão, Tinta Barroca e Tinta Amarela, com estágio de 10 meses em barricas de carvalho francês. Mostra ameixas e cassis acompanhados de notas florais, de ervas e de especiarias doces, que se confirmam no palato. Frutado, carnudo e estruturado, tem taninos de excelente textura e acidez refrescante, que trazem vibração e sustentação ao conjunto.

AD 92

Quinta das TecedeirasTawny Reserve Port

FORTIFICADO DOURO **$$$**

Tinto fortificado doce composto de Touriga Nacional, Tinta Roriz, Tinta Barroca, Touriga Franca, Moreto e Sousão, com estágio de 3 anos em barris de carvalho. Muito gostoso de beber e cheio de complexidade - lembra mais um Tawny 10 Anos, mostra figos secos, amêndoas e refrescante acidez. Estruturado, tem textura quase oleosa e final persistente e intenso, com toques de mel e de nozes.

AD 91

Flor das Tecedeiras Rosé 2018

ROSÉ DOURO **$$$**

Tenso e pulsante, mostra frutas brancas e vermelhas frescas seguidas de notas florais, de ervas e de especiarias doces, tudo sustentado por gostosa acidez, textura cremosa e final sedutor, com toques salinos e cítricos.

AD 91

Flor das Tecedeiras Tinto 2017

TINTO DOURO **$$$**

Corte de Touriga Nacional, Touriga Franca, Tinta Roriz, Tinto Cão, Tinta Amarela e Tinta Barroca. O equilíbrio de fruta madura, vibração e taninos têm a sutileza de um branco no corpo de um tinto. Delicioso para tomar hoje e por mais cinco anos. Tem os taninos poderosos desta safra, e as ervas tão características dos vinhos do Douro se expressam com protagonismo no fim de boca. »

AD 90

Flor das Tecedeiras Branco 2017

BRANCO DOURO $$$

Branco composto de Arinto, Códega do Larinho e Viosinho sem passagem por madeira. Sedutor nos aromas, tem gostosa textura, muitas frutas brancas, cítricas e de caroço de perfil mais fresco, acompanhadas de notas minerais, florais e de ervas. Austero, tem vibrante acidez, vocação gastronômica e final médio/longo, cheio de limão e de toques salinos.

QUINTA DE CHOCAPALHA

Região:
Lisboa
Enóloga:
Sandra Tavares
Site: www.chocapalha.pt
Enoturismo:
Importadora: Adega Alentejana

Fundada em 1855, a Quinta de Chocapalha situa-se na Aldeia Galega da Merceana, no município de Alenquer. No final da década de 1980, o casal Alice e Paulo Tavares da Silva iniciou o projeto Chocapalha com investimentos na estrutura produtiva, restaurando as vinhas que estavam descuidadas e adotando novas técnicas de cultivo. A vinícola tem 70 hectares, dos quais 46 são ocupados por vinhas. A enóloga é Sandra Tavares, filha de Alice e Paulo e idealizadora do projeto Wine & Soul com seu marido Jorge Serôdio Borges.

AD 91

Chocapalha Vinha Mãe Tinto 2013

TINTO LISBOA $$$$

Bem feito nesse estilo mais carnudo e untuoso, em que suas frutas negras maduras estão bem sustentadas por taninos firmes e refrescante acidez. Tem final cheio e longo, com toques florais, terrosos e de especiarias doces.

AD 91

Quinta de Chocapalha Tinto 2015

TINTO LISBOA **$$$**

Mostra frutas negras maduras no ponto certo seguidas de notas florais, de ervas e de especiarias doces, além de toques terrosos e de couro. Suculento e gostoso de beber, tem acidez refrescante, taninos firmes e final persistente, com toques de tabaco e de couro, que convidam a mais um gole.

AD 90

Quinta de Chocapalha Branco 2017

BRANCO LISBOA **$$$**

Sempre consistente, mostra frutas brancas e cítricas seguidas de notas florais e de ervas frescas que se confirmam na boca, tudo equilibrado por gostosa acidez e textura firme.

QUINTA DE COVELA

Região:
Minho
Enólogo:
Rui Cunha
Site: www.covela.pt
Enoturismo:
Importadora: Winebrands

Após pertencer a Manoel Oliveira, grande nome do cinema português, a Quinta de Covela foi comprada pelo empresário Nuno Araújo (responsável por investir na vinícola e criar a marca Covela) no final da década de 1980. Em 2011, o grupo Lima & Smith tornou-se o novo proprietário e, com a ajuda do enólogo Rui Cunha, traçou um projeto para restabelecer a quinta. Localizada na região dos Vinhos Verdes, a propriedade possui 45 hectares, dos quais 18 são de vinhedos, distribuídos por duas freguesias do Baixo Douro, São Tomé de Covelas e Santa »

Cruz do Douro. A gama de vinhos produzidos é ampla, com brancos, rosés e tintos, e inclui a edição especial Covela Fantástico, somente elaborado quando a vinícola julga ser uma safra de qualidade excepcional.

AD 94

Covela Fantástico Branco 2014

BRANCO | MINHO | $$$$$

Elaborado somente em anos excepcionais, o enólogo Rui Cunha não revela as variedades da segunda edição desse branco, com fermentação e estágio de 19 meses em barricas de carvalho americano e austríaco. Apesar de ainda estar muito jovem, chama atenção pela ótima acidez e por sua deliciosa e cremosa textura, que trazem sustentação e firmeza ao conjunto. Tem final longo e complexo, com toques amanteigados, de especiarias doces e de camomila.

AD 93

Covela Reserva Branco 2014

BRANCO | MINHO | $$$$

Untuoso e sedutor, mostra aromas de frutas tropicais maduras escoltadas por notas amanteigadas, florais e de especiarias doces, que se confirmam na boca. Cremoso e cheio, tem textura firme, acidez vibrante e final profundo e persistente, com toques salinos, cítricos e de abacaxi em calda.

AD 92

Covela Edição Nacional Avesso Reserva 2017

BRANCO | MINHO | $$$

Jovem ainda, mas já chama atenção pela acidez e volume de boca, tudo num contexto de muita mineralidade e de frutas brancas e de caroço de perfil mais fresco. Tem final persistente, com toques salinos e de limão tahiti, que pedem uma segunda taça.

AD 92

Covela Escolha Branco 2014

BRANCO | MINHO | $$$

Branco composto de Avesso e Chardonnay, além de toques de Arinto e Gewürztraminer, sem passagem por madeira. Chama atenção pela qualidade das frutas brancas e de caroço de perfil fresco e vibrante, tudo num contexto de ótima acidez e gostosa textura. Estruturado e de bom volume de boca, tem final profundo e persistente, com toques salinos e cítricos. Comparada à versão 2013, parece ainda mais intensa, mineral e austera.

AD 92

Covela Reserva Tinto 2012

TINTO | MINHO | $$$$

Tinto composto de Touriga Nacional, Cabernet Sauvignon e Merlot, com estágio entre 12 e 18 meses em barricas de carvalho francês. Vertical, refinado e cativante, tem ótima textura de taninos, acidez refrescante e final persistente e equilibrado, com toques de frutas vermelhas ácidas, de ervas e de especiarias. Definitivamente um vinho para a mesa.

AD 91

Covela Edição Nacional Alvarinho 2018

BRANCO | MINHO | $$$

De boa tipicidade, mostras notas florais, de ervas frescas e de frutos secos envolvendo toda sua fruta branca e de caroço. Austero e gastronômico na boca, chama atençao pela acidez vibrante e pela textura firme e cremosa. Tem final persistente, com toques salinos e cítricos. Está muito bom agora, mas tem tudo para ficar ainda melhor no decorrer dos próximos 10 anos.

AD 91

Covela Edição Nacional Avesso 2017

BRANCO | MINHO | $$$

O resultado é um branco tenso, cheio de frutas brancas e de caroço bem equilibradas por vibrante acidez, textura cremosa e final mé- »

dio/longo, com toques salinos e cítricos. Por ser muito agradável e fácil de beber, aparenta ser menos complexo do que realmente é.

AD 90

Covela Trellis Branco 2018

BRANCO | MINHO | $$$

Elaborado a partir de métodos ancestrais somente com vinhas velhas e fermentado com as peles em lagares e posterior estágio em barricas de 300 litros. Exótico tanto no nariz quanto na boca, lembra o estilo laranja. Tem textura firme e granulada, acidez vibrante e final cheio e persistente, com toques salinos.

AD 90

Covela Edição Nacional Arinto 2016

BRANCO | MINHO | $$$

Branco elaborado exclusivamente a partir de Arinto, sem passagem por madeira. Mostra frutas brancas e de caroço maduras acompanhadas de notas florais, de ervas e de especiarias. Refrescante e de corpo médio, tem ótima acidez, textura cremosa e final agradável e persistente, com toques de pêras e de frutos secos.

AD 90

Covela Rosé 2017

ROSÉ | MINHO | $$$

Vinho rosé de coloração rosada bem clara, é elaborado exclusivamente por Touriga Nacional, emblemática casta tinta de Portugal. Traz aromas de frutas vermelhas frescas e nuances florais. No paladar, é um pouco mais discreto que no nariz, tem boa acidez, boa estrutura e persistência. Versátil na gastronomia é boa companhia para pratos leves (como saladas e quiches) bem como, para culinária italiana e asiática.

QUINTA DE LA ROSA

Região:
Douro
Enólogo:
Jorge Moreira
Site: www.quintadelarosa.com
Enoturismo:
Importadora: Adega Alentejana

Situada na margem direita do rio Douro, perto do Pinhão, a Quinta de La Rosa pertence à família Bergqvist desde 1906. No início da década de 2010, a vinícola realizou investimentos em reestruturação e modernização da estrutura produtiva, finalizada em 2012. La Rosa possui 11 vinhas separadas, distribuídas na parte baixa e superior da quinta, sendo que as mais antigas datam de 1930. No total, são 55 hectares de vinhedos, com produção anual de aproximadamente 50.000 litros de porto e cerca de 160.000 litros de vinho de mesa. Atualmente, a quinta é administrada por Sophia Bergqvist, com ajuda de seu irmão Philip. Seu enólogo, é o renomado Jorge Moreira, também responsável pelos projetos Poeira (com sua esposa Olga Martins) e M.O.B. (com Jorge Serôdio Borges e Francisco Olazabal).

AD 93

Quinta de La Rosa Reserva Tinto 2017

TINTO DOURO **$$$$**

Mostra encantadoras notas de violetas, de chá preto e de cacau, que envolvem toda sua fruta negra de perfil mais fresco, tudo equilibrado por acidez vibrante e taninos firmes e de grãos finos. Austero, fluido e preciso, tem final persistente e refinado, com toques de grafite.

AD 92

Quinta de La Rosa Tinto 2017

TINTO DOURO **$$$**

Tenso e vibrante, mostra ameixas e cassis escoltados por notas minerais, florais e de ervas, que se confirmam na boca. Suculento, tem » acidez refrescante, taninos de grãos finos e final persistente, com toques de grafite e de tabaco.

AD 91

Dourosa Tinto 2016

TINTO DOURO **$$$**

Sedutor e gostoso de beber, mostra ameixas e cassis envoltos por notas de violetas, de ervas e de especiarias, tudo equilibrado por taninos firmes, acidez refrescante e final suculento, com toques terrosos e de grafite. Austero e refinado, oferece qualidade e complexidade acima da média em sua faixa de preço.

QUINTA DO AMEAL

Região:
Minho
Enólogo:
José Luis Moreira da Silva
Site: www.quintadoameal.com
Enoturismo:
Importadora: Qualimpor

Adquirida, em 2019, pelo grupo Esporão, a Quinta do Ameal é uma propriedade pequena que data de 1710. Situada no Vale do Lima (Minho), a empresa era explorada pela família do enólogo Pedro Araújo (bisneto de Adriano Ramos Pinto) desde o início dos anos 1990. A propriedade de 30 hectares foi uma das primeiras a se dedicar à casta Loureiro, explorando todo o potencial da variedade na região dos Vinhos Verdes.

AD 92

Quinta do Ameal Clássico Loureiro 2015

BRANCO | MINHO | $$$

Mais uma ótima versão desse que sempre está entre os melhores exemplares da casta Loureiro elaborados em Portugal. Tenso e vibrante, mostra acidez refrescante, textura firme e cremosa e final persistente, com toques salinos e de limão siciliano. Aqui menos é muito mais.

AD 92

Quinta do Ameal Escolha 2014

BRANCO | MINHO | $$$$

Branco elaborado exclusivamente a partir de Loureiro, com fermentação e estágio de 6 meses em barricas de carvalho francês. Mostra aromas de frutas cítricas e de caroço seguidas de notas florais, de ervas e de especiarias. Vibrante e tenso, tem excelente acidez, textura firme, bom volume de boca e final persistente, com toques salinos e de especiarias.

AD 90

Bico Amarelo 2018

BRANCO | MINHO | $$$

Sempre consistente, esse branco esbanja frescor, tudo envolto por frutas brancas e cítricas maduras, seguidas de notas florais e de ervas. Tem final agradável, com toques salinos e de limão, que pedem mais um gole.

VINHOS

QUINTA DO CÔTTO

Regiões:
Douro e Minho
Enólogo:
João Grave
Site: www.quintadocotto.pt
Enoturismo: -
Importadora: Mistral

Situada na freguesia de Cidadelhe (Douro), a Quinta do Côtto inicialmente direcionava sua produção ao vinho do Porto, as pequenas quantidades de vinho branco e tinto eram destinadas ao consumo exclusivo da família. Nos anos 1970, quando o foco da região era voltado basicamente para o vinho do Porto, Miguel Champalimaud assumiu a vinícola e firmou a marca Côtto como referência na produção de vinhos tranquilos. Atualmente, seu filho Miguel Montez Champalimaud, quinta geração da famíla, administra o grupo Montez Champalimaud, detentor das marcas Quinta do Côtto e Paço de Teixeiró.

AD 93

Quinta do Côtto Grande Escolha 2011

TINTO | DOURO | **$$$$$**

Austero e ainda muito jovem, chama atenção pelos taninos de ótima textura e pela refrescante acidez, que equilibram e trazem tensão ao conjunto. As notas terrosas, de couro e de especiarias doces trazem certa complexidade.

AD 93

Quinta do Côtto Vinha do Dote 2015

TINTO | DOURO | **$$$$**

Tinto composto de Vinhas Velhas (idade média de 90 anos), com estágio de 15 meses em barricas usadas de carvalho português. Mostra aromas cativantes de flores, de especiarias doces e de ervas envolvendo toda sua fruta negra e vermelha de qualidade. Estruturado e muito gostoso de beber, tem ótima acidez, taninos firmes e de boa textura e final profundo, com toques de grafite e de alcaçuz.

AD 92

Quinta do Côtto Tinto 2016

TINTO | DOURO | $$$

Fresco e vibrante, chama atenção pela acidez refrescante e pelos taninos de ótima textura, tudo permeado por frutas vermelhas, notas terrosas e de ervas frescas. Fluido, gastronômico e gostoso de beber.

AD 90

Paço de Teixeiró Branco 2016

BRANCO | MINHO | $$$

Este branco composto de Avesso, Loureiro, Pedernã e Trajadura, é elaborado no Minho pela família Champalimaud, proprietária da renomada Quinta do Côtto, no Douro. Tem estágio parcial em madeira durante a fermentação malolática, cerca de 40/50 dias em barricas novas de carvalho português. Mostra aromas de abacaxi e de maçã, bem como notas florais, herbáceas e minerais, além de toques tostados. Frutado e estruturado, tem boa acidez e final médio/longo agradável, oferecendo volume de boca e untuosidade.

QUINTA DO CRASTO

Região:
Douro
Enólogo:
Manuel Lobo
Site: www.quintadocrasto.pt
Enoturismo:
Importadora: Qualimpor

No topo de uma das elevações da região demarcada por Pombal, às margens do rio Douro, encontra-se a vinícola Quinta do Crasto.

>>

Cercada por vinhas e oliveiras, a propriedade é formada por adegas, uma capela e uma casa de hóspedes. Dos 130 hectares, 70 são destinados às vinhas. A forma de plantar em socalcos se deve à necessidade de retirar o xisto (mineral abundante na região) da terra e empilhá-lo formando degraus ao longo da elevação, impedindo, dessa forma, a erosão. Com isso, a casa no topo da elevação fica rodeada por linhas de plantações de vinhas e de antigas oliveiras que vão circunscrevendo o monte até a sua base nas margens do rio Douro. Por apresentar essa formação, se deu o nome de Crasto à vinícola. Oriundo do latim, o termo significa "forte romano", antiga construção feita para rodear e proteger. A propriedade produz no Douro, anualmente, cerca de 1.500.000 garrafas de vinho do Douro e do Porto de diversas categorias, bem como 65.000 garrafas de azeite virgem extra a partir de olivais localizados nas regiões do Cima Corgo e do Douro Superior.

AD 95 | **Quinta do Crasto Porto Colheita 2000**

FORTIFICADO | DOURO | $$$$$

Complexo tanto no nariz quanto na boca, mostra notas florais, de frutos secos, de tabaco e de cítricos em compota, tudo bem equilibrado por taninos firmes e pulsante acidez. Uma delícia de beber, que impressiona pela fluidez, equilíbrio e precisão.

AD 94 | **Quinta do Crasto Reserva Vinhas Velhas 2016**

TINTO | DOURO | $$$

Tinto elaborado a partir de 30 castas diferentes advindas de vinhas velhas com idade média ou superior a 70 anos, com estágio de 18 meses em barricas de carvalho francês (85%) e americano (15%). Parece que a partir da safra 2010, ano após ano, está buscando, com sucesso, um estilo mais vertical, refinado, de maior frescor e maior tensão, não deixando de lado sua fruta exuberante, mas privilegiando a acidez, os taninos mais finos e tensos, além de um agradável aspecto floral e de ervas, que complementa o conjunto. Tem final longo e persistente, com toques de cassis e de grafite.

AD 92

Crasto Superior Branco 2017

BRANCO | DOURO | $$$

Tenso e vibrante, mostra notas florais, de ervas frescas e de especiarias envolvendo sua fruta de perfil mais fresco, lembrando maçãs e peras, que se confirmam na boca. Preciso e fluido, tem acidez pulsante, textura firme e cremosa e final longo e persistente, com toques salinos e de limão siciliano.

AD 91

Crasto Branco 2018

BRANCO | DOURO | $$$

Mostra frutas brancas e cítricas maduras acompanhadas de notas florais, de ervas e de especiarias brancas, tudo equilibrado por acidez refrescante, taninos de boa textura e final persistente, com toques salinos, de peras e de limão.

AD 91

Crasto Superior Tinto 2016

TINTO | DOURO | $$$

Mostra profusão de frutas maduras, lembrando ameixas e cassis, seguidas de notas florais, de alcaçuz e de especiarias doces, tudo equilibrado por acidez na medida e taninos firmes e granulados, que conferem projeção e fluidez ao vinho.

AD 91

Crasto Tinto 2017

TINTO | DOURO | $$$

Touriga Nacional, Tinta Roriz, Touriga Franca, Tinta Barroca. Um primor de fruta e elegância. Os aromas são elegantes caminhando pelo floral e frutas vermelhas, que se confirmam em boca, como um >>

suco de cerejas batido com o caroço. Os taninos são poderosos e a acidez se harmoniza com todo o conjunto.

AD 90 | **Flor de Crasto Branco 2018**

BRANCO DOURO $$$

Branco composto de Moscatel Galego, Códega do Larinho e Rabigato, sem passagem por madeira. Fresco e vibrante, esbanja notas florais e de ervas frescas envolvendo toda sua fruta branca e de caroço. Tem ótima acidez, textura cremosa e final agradável, com toques cítricos e salinos.

AD 90 | **Flor de Crasto Tinto 2018**

TINTO DOURO $$$

Aqui menos é mais. Esbanja frutas vermelhas e negras seguidas de notas florais e de ervas, que pedem uma segunda taça. Fluido e gostoso de beber, tem final carnudo, com toques de cassis e de alcaçuz.

AD 89 | **Crasto Rosé 2018**

ROSÉ DOURO $$$

Rosado composto de 85% Touriga Nacional e 15% Tinta Roriz, sem passagem por madeira. No nariz, indica notas florais e de ervas frescas envolvendo os aromas de frutas vermelhas maduras, que se confirmam no palato. Estruturado e de bom corpo, esbanja acidez, textura, mineralidade e frescor, tudo trazendo equilíbrio e sustentação ao seu lado mais frutado.

QUINTA DO MONTE D'OIRO

Região:
Lisboa
Enólogos:
Graça Gonçalves e Grégory Viennois
Site: www.quintadomontedoiro.com
Enoturismo:
Importadora: Mistral

Situada em Alenquer (Lisboa), a Quinta do Monte d'Oiro possui registros de produção de vinho desde o século XVII. Em 1987, foi comprada por José Bento dos Santos (importante personagem da gastronomia portuguesa), que, após anos de pesquisas, iniciou um processo de reestruturação das vinhas e, em 1997, lançou sua primeira colheita. Dos 42 hectares da propriedade, cerca de 15,5 foram replantados com as castas nacionais Touriga Nacional e Tinta Roriz e as internacionais Syrah, Viognier e Petit Verdot. A vinícola segue os princípios da agricultura orgânica e a equipe enológica é composta pela consultoria de Grégory Viennois (antigo diretor técnico de M. Chapoutier e, atualmente, na Domaine Laroche) e a enóloga Graça Gonçalves.

AD 94

Quinta do Monte d'Oiro Reserva 2010

TINTO | LISBOA | **$$$$$**

Refinado e classudo, mostra notas especiadas, florais, defumadas e de couro envolvendo toda sua fruta, lembrando ameixas e amoras maduros. Mas, é na boca que merece atenção com sua boa acidez e seus taninos firmes e de grãos finos. Tem final longo e complexo, com toques terrosos, especiados e de figos secos. Está em seu auge e deve permanecer assim pelos próximos 5 anos.

AD 93

Madrigal Viognier 2016

BRANCO | LISBOA | **$$$$**

Mostra notas florais, de mel e de especiarias doces envolvendo sua fruta branca e de caroço. Impressiona pelo volume de

»

boca e pela verticalidade, tudo sustentado por refrescante acidez e textura firme e cremosa. Tem final longo e persistente, com toques salinos, citricos e de frutos secos, que pedem um segundo gole.

AD 93

Quinta do Monte d'Oiro Reserva 2013

TINTO LISBOA **$$$$$**

Tinto composto a partir de 95% Syrah e 5% Viognier, cofermentados e com estágio de 18 meses em barricas novas de carvalho francês. Impressiona pelo equilíbrio do conjunto e pelos taninos tensos e de fina textura. Mostra profusão de frutas lembrando amoras e ameixas, acompanhadas de notas florais, de ervas secas, de especiarias picantes e de tabaco, tudo sustentado por refrescante acidez, que confere fluidez ao vinho. Tem final refinado e persistente, com toques de alcaçuz e de charcutaria.

AD 93

Quinta do Monte d'Oiro Syrah 24 2011

TINTO LISBOA **$$$$$**

Grandioso e estruturado, esbanja frutas negras maduras seguidas de notas florais, defumadas e de especiarias, tanto no nariz quanto na boca. Tem taninos finos e firmes, acidez na medida e final suculento e persistente, com toques tostados e de carne. Equilibrado e muito bem feito nesse estilo mais untuoso.

AD 92

Lybra Tinto 2015

TINTO LISBOA **$$$**

Mostra frutas negras maduras seguidas notas florais, tostadas e de especiarias doces, que se confirmam no palato. Os taninos finos e firmes e a acidez vibrante trazem equilíbrio a toda sua madurez. Delcioso, gastronômico e muito bem feito nesse estilo "velha escola".

AD
91

Têmpera Tinta Roriz 2011

TINTO | LISBOA | **$$$$**

Notas de ervas, de couro e de cânfora envolvem toda sua fruta negra , lembrando ameixas maduras e em compota, tudo muito bem sustentado por acidez refrescante e taninos firmes e aveludados. Carnudo e gostoso de beber, é um bom exemplo de tinto encorpado e de perfil de maior madurez, mas também equilibrado.

AD
90

Lybra Rosado 2016

ROSÉ | LISBOA | **$$$**

Apresenta perfil de frutas brancas e vermelhas mais maduras envoltas por notas florais, terrosas e de ervas, que se confirmam no palato. De corpo médio e de perfil gastronômico, tem final agradável, com toques salinos e de morangos.

QUINTA DO NOVAL

Região:
Douro
Enólogo:
Carlos Agrellos
Site: www.quintadonoval.com
Enoturismo:
Importadora: Adega Alentejana

Os registros relacionados à Quinta do Noval datam de 1715. A propriedade que pertenceu à família Rebello Valente, em meados do século XVIII, e, no início do século XIX, a Visconde Villar d'Allen foi comprada em 1894 por António José da Silva. Silva iniciou o projeto de reestruturação da quinta, restaurando a adega e recuperando os vinhedos que foram destruídos pela filoxera. Seu genro, Luiz Vasconcelos Porto, que administrou Noval por quase 30 anos, introduziu novas técnicas de conservação de solo e de cultivo e, com socalcos mais largos, tornou o uso da terra mais eficiente e »

proprorcionou melhor exposição solar. Em 1963, Fernando e Luiz Van Zeller, netos de Vasconcelos, assumiram Noval, a qual permaneceu com a família Van Zeller até 1993, quando foi adquirida pelo grupo francês AXA Millésimes (proprietário de Château Pichon Baron e Château Suduiraut, entre outros). Em 2019, a Quinta do Passadouro passou a integrar o conjunto de propriedades da empresa francesa AXA, e, embora a marca Passadouro seja mantida, seus 36 hectares juntam-se aos 145 da Noval, atingindo uma área de vinha total de 181 hectares.

AD 93

Cedro do Noval Tinto 2014

TINTO	DOURO	$$$

Belo vinho. Este corte de Touriga Nacional, Touriga Franca e Tinto Cão chega discretamente, com nariz austero, caminhando pela cereja fresca, pinus e ervas. Vai abrindo e se tornando mais suculento em fruta, um punhado de ervas e cacau à medida em que abre na taça. Em boca, temos a fruta intensa, com acidez que acompanha até o fim de boca, preparando terreno para um suspiro final de violeta. O uso de madeira é discreto e acrescenta um toque de mocha ao final.

AD 93

Passadouro Touriga Franca Tinto 2016

TINTO	DOURO	$$$

Austero e vertical, tem taninos de grãos finos e acidez refrescante, que equilibram toda sua fruta, lembrando cassis e amoras. Tem final carnudo e persistente, com toques de violetas, de grafite e de ameixas.

AD 92

Quinta do Noval 10 Anos Tawny Porto

FORTIFICADO	DOURO	$$$$

Mostra frutas secas e em compota seguidas de notas florais e de especarias doces, tudo equilibrado por gostosa acidez e taninos firmes. Refinado e elegante, tem final persistente, com figos e tâmaras.

AD 92

Quinta do Noval Touriga Nacional 2015

TINTO | DOURO | $$$$

A elegância casada com a estrutura do Douro se mostra do começo ao fim. Flores, ervas e frutas vermelhas frescas no nariz. Em boca, tem tensão de acidez e taninos com a fruta suculenta, ervas e especiarias doces.

AD 91

Maria Mansa Tinto 2017

TINTO | DOURO | $$$

Fluido e gostoso de beber, mostra ameixas e amoras maduras acompanhadas por notas florais, de ervas e de especiarias doces, tudo equilibrado por taninos de grãos finos e refrescante acidez. Tem final suculento e persistente, com toques de grafite e de alcaçuz.

AD 91

Passadouro Tinto 2014

TINTO | DOURO | $$$

Tenso e vibrante, esbanja cassis e amoras, seguidas de notas florais, de ervas e de especiarias doces, tanto no nariz quanto na boca. Estruturado, tem taninos firmes e refrescante acidez, que trazem equilíbrio a toda sua madurez.

AD 90

Passadouro Touriga Nacional Tinto 2014

TINTO | DOURO | $$$$

Mostra perfil de frutas vermelhas e negras mais maduras, tanto no nariz quanto na boca. Sua acidez refrescante e seus taninos firmes trazem certo equilíbrio ao conjunto. Tem final cheio, com toques terrosos, florais e de especiarias doces.

QUINTA DO PESSEGUEIRO

Região:
Douro
Enólogo:
João Nicolau de Almeida
Site: www.quintadopessegueiro.com
Enoturismo: 🍷
Importadora: World Wine

A Quinta do Pessegueiro foi instituída em 1991 pelo francês Roger Zannier, importante empresário da indústria têxtil. Ao longo dos anos, Zannier investiu na expansão da propriedade e na plantação de vinhas, cuja área total é dividida em três parcelas, Pessegueiro, Teixeira e Afurada, todas situadas na sub-região do Cima Corgo (Douro) e cultivadas exclusivamente com variedades autóctones. Hoje, Pessegueiro é administrada por Marc Monrose, genro de Roger, e seu enólogo é João Nicolau de Almeida, na equipe enológica desde 2006.

AD 92

Aluzé Tinto 2014

TINTO | DOURO | $$$

Este vinho prova como 2014 foi um ano mais fresco que 2013. Vibrante, ressalta os taninos e a fruta é viva, menos doce e mais equilibrada. Um perfil aromático de mineralidade e couro completam o conjunto.

AD 92

Quinta do Pessegueiro 2015

TINTO DOURO $$$$

Austero e frutado, mostra ameixas e cassis maduros, seguidos de notas florais, de ervas e de especiarias doces, que se confirmam na boca. Suculento e potente, impressiona pela acidez refrescante e pelos taninos de ótima textura, que trazem sustentação ao conjunto. Tem final longo, com toques terrosos, de grafite e de especiarias doces.

QUINTA DO POEIRA

Região:
Douro
Enólogos:
Olga Martins e Jorge Moreira
Site: -
Enoturismo:
Importadora: Adega Alentejana

Quinta do Poeira é um projeto iniciado em 2001 pelo casal de enólogos Olga Martins e Jorge Moreira. Pouco comum para a época, Olga e Jorge apostaram em uma propriedade com vinhas voltadas ao norte para gerar vinhos mais frescos e elegantes. Localizada no Douro, na freguesia de Provesende, a vinícola possui cerca de 9 hectares de vinhedos, dos quais 3 são de vinhas velhas, o que possibilitou o lançamento do vinho de alta gama logo no início do projeto, o Poeira. >>

AD 93

Pó de Poeira Tinto 2017

TINTO DOURO **$$$**

Field blend. Muito saboroso e suculento. Revela o frescor de blueberry maduro combinado com as ervas e lindo floral. Combina um pouco de mentol refrescante, com boa untuosidade, que abre caminho para os taninos potentes e polidos amparados por bela acidez.

AD 93

Poeira Tinto 2015

TINTO DOURO **$$$$**

Mais de boca que de nariz, ainda está jovem, mas já diz a que veio. Mostra ameixas e amoras maduras envoltas por notas florais, de ervas e de especiarias doces. Chama atenção pelo taninos firmes e de ótima textura e por sua acidez refrescante, que conferem profundidade e fluidez ao vinho.

AD 92

Pó de Poeira Branco 2018

BRANCO DOURO **$$$**

Um Alvarinho com nariz floral de primavera e um toque de floresta de pinus. A fruta é deliciosa, laranja e nectarina. Acidez e um sexy dulçor ao fim de boca.

AD 92

Pó de Poeira Branco 2017

BRANCO DOURO **$$$**

Cativante, mostra notas de camomila, de flores e de especiarias doces envolvendo toda sua fruta branca e de caroço maduras. Tem acidez refrescante, textura cremosa e final persistente, com toques salinos e cítricos, que convidam a uma segunda taça.

QUINTA DO VALE MEÃO

Região:
Douro
Enólogo:
Francisco Olazabal
Site: www.quintadovalemeao.pt
Enoturismo: 🍷
Importadora: Mistral

Quinta do Vale Meão, propriedade que dá nome ao vinho, foi a última das aproximadamente 30 grandes quintas que pertenceram à famosa Dona Antónia Adelaide Ferreira, conhecida por todos como "Ferreirinha", um dos nomes mais importantes da história vinícola de Portugal, em especial do Douro. O Meão foi a única quinta que Ferreirinha construiu do zero, em um terreno onde antes só havia mato e animais selvagens, uma área ainda pouco explorada do Douro Superior, justamente pela distância que separava a região das cidades do Porto e de Vila Nova de Gaia e pela dificuldade em se chegar até lá. Francisco Javier de Olazabal, trineto da lendária Ferreirinha, assumiu a gestão do grupo nos anos 1970 e, ao longo dos anos, em um processo de aquisição das partes de familiares e coproprietários, em 1994, tornou-se, juntamente com seus filhos, único proprietário da quinta (toda produção era comercializada à empresa A.A. Ferreira S.A.). Em 1998, após renunciar ao cargo de presidente da A.A.Ferreira, Francisco estabeleceu a empresa F. Olazabal & Filhos, a qual é o atual presidente e seu filho Francisco de Olazabal y Nicolau de Almeida é o enólogo.

AD 95

Quinta do Vale Meão Vintage Port 2014

FORTIFICADO DOURO **$$$$$**

Apesar de não ser um ano Vintage, esbanja finesse, profundidade e volume de boca, tudo bem equilibrado por gostosa acidez e taninos firmes, que conferem profundidade ao vinho. Um jovenzinho que está ótimo agora, mas que deve ficar incrível nas próximas décadas. >>

AD 94

Monte Meão Touriga Nacional 2013

TINTO DOURO $$$$$

O nariz apaixona com fruta vermelha fresca, ameixa no pé, ervas aromáticas e mineralidade. Um suco de Touriga emoldurado pelos taninos firmes e pela vibrante acidez. Equilíbrio perfeito entre o lado exuberante e a sua estrutura tensa.

AD 93

Monte Meão Vinha da Cantina 2015

TINTO DOURO $$$$

Esse tinto 100% Baga é sempre uma grata surpresa. Assim como o 2013, nessa safra mostra notas florais, de ervas e de especiarias envolvendo sua fruta negra de perfil mais fresco. No palato, alia tensão, frescor e taninos firmes, com volume de boca e certa potência, o que confere profundidade e finesse.

AD 93

Quinta do Vale Meão 2014

TINTO DOURO $$$$$

Guloso como seu irmão mais novo Meandro, e ainda mais equilibrado. Mais seco e austero, sem perder o perfil frutado. O uso de madeira é impecável e a fruta é cristalina. Ainda está jovem e tem tudo para ficar ainda melhor nos próximos 5 anos.

AD 92

Meandro do Vale Meão Branco 2017

BRANCO DOURO $$$

Fresco e vibrante, mostra frutas brancas e de caroço escoltadas por notas florais, de ervas e de especiarias doces, tudo em meio a gostosa acidez, textura firme e cremosa e final cheio e persistente, com toques de pêssegos, pêras e de frutos secos.

AD 92

Meandro do Vale Meão Tinto 2016

TINTO DOURO **$$$$**

Sedutor e cativante nos aromas, esbanja notas florais, de ervas frescas e de especiarias doces envolvendo toda sua fruta vermelha e negra madura no ponto certo. Mas, seu ponto alto é no palato, com taninos firmes e acidez refrescante equilibrando o conjunto e convidando a uma segunda taça. Tem final persistente, com toques de grafite e de ameixas.

AD 92

Olazabal Finest Reserve Port

FORTIFICADO DOURO **$$$**

Encanta pelas notas florais e de ervas frescas, que envolvem sua fruta lembrando cassis e amoras. Seus taninos firmes e sua acidez refrescante trazem equilíbrio a toda sua untuosidade e dulçor.

AD 91

Monte Meão Cabeço Vermelho 2014

TINTO DOURO **$$$$$**

Num estilo mais untuoso e encorpado, em que as frutas vermelhas e negras de perfil mais maduro aparecem com força, mas bem sustentadas por seus taninos firmes e por sua acidez vibrante.

QUINTA DO ZAMBUJEIRO

Região:
Alentejo
Enólogo:
Alain Bramaz
Site: www.quintadozambujeiro.com
Enoturismo: 🍷
Importadora: Casa Flora

>>

Localizada na região de Borba, no Alentejo, a Quinta do Zambujeiro foi comprada pelo suíço Emil Strickler em 1998. A propriedade de 40 hectares dedica-se ao cultivo de uvas nacionais e internacionais e produz um pouco mais de 110.000 garrafas por ano. Seu portfólio compreende o Monte e o Terra do Zambujeiro, ambos nas versões de tintos e brancos, e o ícone tinto Zambujeiro. O enólogo é Alain Bramaz.

AD 92

Monte do Zambujeiro 2016

TINTO | ALENTEJO | **$$$**

Muito bem feito em seu estilo mais carnudo e de frutas negras maduras. Tem taninos firmes e finos e acidez refrescante, que trazem tensão e fluidez ao vinho. Tem final persistente e cheio, com toques especiados, terrosos, de ameixas e de alcaçuz.

QUINTA DOS MURÇAS

Região:
Douro
Enólogo:
José Luis Moreira da Silva
Site: www.esporao.com
Enoturismo:
Importadora: Qualimpor

Localizada na margem direita do rio Douro, a Quinta dos Murças foi adquirida pelo grupo Esporão (conhecido por seus vinhos do Alentejo) em 2008. Murças foi a primeira quinta a ter vinhedos "verticais" na região conhecida por "vinhas ao alto" e diferente dos tradicionais vinhedos em patamares. Plantados em 1947 em posição perpendicular ao rio, estes vinhedos repousam em terrenos com inclinação de 47 graus. Por decisão de João Roquette, CEO do grupo Esporão, os 100% dos hectares da propriedade (vinhedos, olivais e laranjal) são cultivados em produção biológica e com certificação orgânica.

AD 95

Quinta dos Murças VV47 2013

TINTO | DOURO | $$$$$

Tinto elaborado a partir de Vinhas Velhas (field blend de diversas castas autóctones) advindas exclusivamente da vinha vertical mais antiga do Douro (vinhedos ao alto), plantada em 1947. É fermentado através de leveduras indígenas em lagares de pisa-a-pé, com estágio de 12 meses em barricas usadas de carvalho francês. Ainda muito jovem, impressiona pela vibrante acidez e pelos taninos firmes e de grãos finos, que trazem equilíbrio a toda sua fruta madura, lembrando cassis e ameixas. Muito preciso, nítido e compacto, tem final carnudo e profundo, com toques de alcaçuz e de grafite, aliando magistralmente potência, força, tensão e finesse.

AD 94

Quinta dos Murças Margem 2017

TINTO | DOURO | $$$$

Nítido, fluido e gostoso de beber, mostra fruta de ótima qualidade, lembrando ameixas, amoras e cassis, seguidas de notas especiadas, de ervas e de violetas. Impressiona pela vibrante acidez e pelos taninos finos e firmes, que trazem profundidade e equilíbrio ao conjunto. Tem final refinado e persistente, com toques de grafite e de alcaçuz.

AD 93

Quinta dos Murças 10 Years Old Tawny Port

FORTIFICADO | DOURO | $$$$

Impressiona pela profundidade e complexidade para um Tawny 10 anos. Tem textura firme e acidez refrescante, que apoiam sua » estrutura e trazem equilíbrio a toda sua doçura. Refinado, preciso e comlexo, tem final longo, com toques de frutas cítricas, de tâmaras e de figos secos.

AD 93

Quinta dos Murças Minas 2017

TINTO | DOURO | **$$$**

Corte de Touriga Nacional, Touriga Franca, Tinta Roriz, Tinta Cão e Tinta Francisca. No nariz, as ervas se juntam à ameixa. No palato, bela fruta, suculenta, mas fresca. Tem acidez presente, assim como os taninos. Ainda que esteja pronto para ser degustado hoje, esta presença de fruta e taninos nos convida a acompanhar sua evolução.

AD 92

Quinta dos Murças Reserva 2011

TINTO | DOURO | **$$$$**

Tinto composto de Tinta Roriz, Tinta Amarela, Tinta Barroca, Tinta Miúda, Touriga Nacional, Touriga Francesa, Sousão e outras variedades advindas de vinhas de mais de 40 anos, com estágio em barricas de carvalho francês e americano durante 12 meses. Notas florais e minerais envolvem os aromas de cassis e de ameixas, que se confirmam na boca. Fresco, frutado e gostoso de beber, tem boa acidez, taninos de ótima textura e final longo e elegante, com toques de grafite. Nessa versão, mostra-se mais compacto e preciso, esbanjando tensão, mas sem perder o seu lado exuberante e untuoso.

AD 91

Assobio Tinto 2017

TINTO | DOURO | **$$$**

Corte de Touriga Nacional, Touriga Franca e Tinta Roriz. A fruta é lindíssima. Suculenta, quase um suco de ameixa. A acidez certamente contribui para essa clareza. E os taninos se camuflam em sua elegância, mas conferem fundação e estrutura ao vinho.

AD 90

Assobio Branco 2018

BRANCO DOURO $$$

Corte de Verdelho, Gouveio, Viosinho, Rabigato e Códega de Larinho. Passeio na horta com muita erva e legumes. Um vinho fresco e equilibrado. Aliás, o equilíbrio é sua marca, com a fruta, a textura e o final com toques salinos contribuindo muito.

QUINTA NOVA DE NOSSA SENHORA DO CARMO

Região:
Douro
Enólogo:
Jorge Alves
Site: www.quintanova.com
Enoturismo:
Importadora: World Wine

A Quinta Nova de Nossa Senhora do Carmo é uma propriedade duriense que data de meados do século XVIII. Desde 1999 a vinícola é gerida pela família Amorim (ligados à industria do vinho desde 1870 - incialmente na produção de rolhas de cortiça para as caves de Vinho do Porto em Vila Nova de Gaia), hoje na quarta geração sob a batuta de Luisa Amorim. Fixada na sub-região do Cima Corgo, a propriedade possui 85 hectares de vinhedos, classificados em 41 parcelas distintas, destacando-se duas parcelas centenárias (uma composta por 2,5 e outra por 4,5 hectares). Jorge Alves (sócio-fundador do projeto Quanta Terra) é o enólogo desde 2012. >>

VINHOS

AD 93

Quinta Nova de Nossa Senhora do Carmo Grande Reserva Tinto 2016

TINTO DOURO **$$$$$**

Tinto elaborado a partir de 75% Touriga Nacional e 25% Vinhas Velhas, com estágio de 16 meses em barricas novas de carvalho francês. Impressiona tanto no nariz quanto na boca, com suas frutas negras exuberantes e bem equilibradas por acidez elétrica e taninos tensos e de ótima textura, que sustentam todo conjunto. As notas salinas, especiadas e de ervas dão o toque final, aportando complexidade. Tem final cheio e profundo, com toques de alcaçuz e de grafite.

AD 93

Quinta Nova de Nossa Senhora do Carmo Terroir Blend Reserva 2016

TINTO DOURO **$$$$**

Tinto composto por 30% Touriga Nacional, 30% Tinto Cão, 25% Touriga Franca e 15% Tinta Roriz, com estágio de 6 meses em barricas de carvalho francês, sendo 25% novas. As notas de ervas e de especiarias doces envolvem suas frutas negras de perfil maduro, como ameixas, amoras e cassis. Estruturado e potente, tem gostosa acidez, taninos de ótima textura e final persistente e profundo, com toques salinos e de alcaçuz.

AD 92

Mirabilis Grande Reserva Branco 2017

BRANCO DOURO **$$$$$**

Elaborado com uvas Gouveio, Viosinho e Vinhas Velhas de aproximadamente 80 anos, traz a seriedade de um branco potente. No nariz, uma certa lembrança de vinho do porto, proveniente de seu estágio de 10 meses em barricas de carvalho (90% francês e 10% húngaro), além das especiarias e frutas com certa acidez como a maçã verde e flores brancas. Ao degustá-lo mantém-se bastante floral, com toques de baunilha. Vinho de médio corpo, cremoso e com ótima acidez e persistência.

AD 92

Quinta Nova de Nossa Senhora do Carmo Unoaked 2017

TINTO | DOURO | **$$$**

Apresenta aroma frutado, em especial frutas pretas como ameixas e amoras maduras, além de notas tostadas e especiadas. Na boca, mostra leve picância, bom corpo, taninos elegantes, com final de boca defumado. Boa acidez e persistência.

AD 91

Quinta Nova de Nossa Senhora do Carmo Rosé 2017

ROSÉ | DOURO | **$$$$**

Rosé composto de Tinta Roriz e Touriga Franca, sem passagem por madeira, mas com estágio de 4 meses em tanques de aço inoxidável. Num estilo mais austero, mostra frutas brancas e vermelhas maduras escoltadas por notas florais, de ervas e de especarias doces. Chama atenção pela acidez e pela cremosidade, tem final longo, com toques salinos e cítricos.

AD 90

Pomares Tinto 2017

TINTO | DOURO | **$$$**

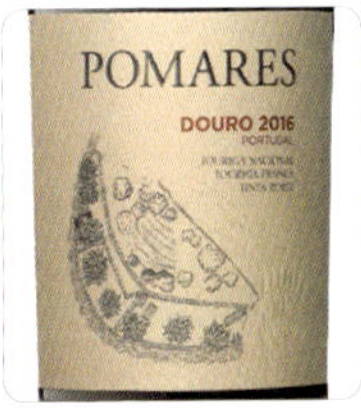

Mostra aromas frutados, especialmente de frutas negras maduras, cereja e amoras, além de leves toques especiados. Não boca, seus taninos são equilibrados, apresentando notas de pimenta preta, couro e mantendo a característica do nariz em relação às frutas negras. »

AD 89 **Pomares Branco 2017**

BRANCO	DOURO	$$$

Notas de ervas e de flores acompanham suas frutas brancas, tanto no nariz quanto na boca. De médio corpo, tem gostosa acidez, textura agradável e final frutado, com toques salinos e de maçãs.

ROQUETTE & CAZES

Região:
Douro
Enólogos:
Daniel Llose e Manuel Lobo
Site: www.roquettecazes.com
Enoturismo: -
Importadora: Qualimpor

O projeto franco-lusitano nasceu da amizade entre Jorge Roquette, da Quinta do Crasto, e Jean-Michel Cazes, do Château Lynch-Bages. Em 2002, as duas famílias decidiram criar uma empresa para "fazer vinhos do Douro com um toque bordalês". As uvas vêm da Quinta da Cabreira, dos Roquette, e da Quinta do Meco, que pertence à família Cazes. A primeira safra, em 2002, não foi para o mercado. Em 2003, criou-se o primeiro vinho em conjunto, o Xisto, que depois se tornou uma "cuvée", e só é feito em anos especiais. E em 2006 lançou-se o Roquette & Cazes, espécie de segundo vinho da casa, seguindo o conceito bordalês.

AD 95 Xisto 2015

TINTO DOURO $$$$$

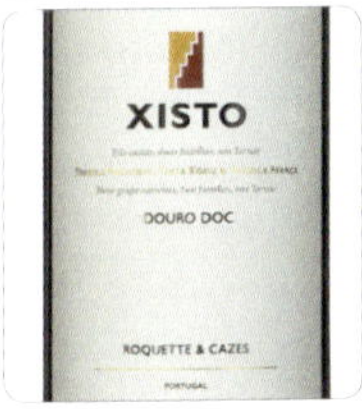

Chama atenção pela finesse, harmonia e precisão do conjunto. Mostra cerejas, ameixas e amoras envoltas por notas especiadas, de violetas e de ervas, além de toques de tabaco e de alcaçuz. Mas, é na boca que merece atenção, com seus taninos finíssimos, sua acidez vibrante e seu final fluido, profundo e preciso, que convida a uma segunda taça. Ainda está jovem, e deve ficar ainda melhor nos próximos 10 anos. Provavelmente o melhor Xisto elaborado até o momento.

AD 93 Roquette & Cazes 2016

TINTO DOURO $$$$

Sempre consistente e elegante, esse é um Douro de carteirinha, com suas notas de violeta e de alcaçuz envolvendo toda sua fruta lembrando cassis e amoras, que se confirmam no palato. Preciso e compacto, tem acidez refrescante, taninos de boa textura e final suculento e longo, com toques de grafite e de alcaçuz.

ROQUEVALE

Região:
Alentejo
Enóloga:
Joana Roque do Vale
Site: www.roquevale.pt
Enoturismo: -
Importadora: Adega Alentejana

A história da Roquevale iniciou-se em 1970 quando António Alfredo Gomes dos Santos, produtor na região de Estremadura, decidiu investir no concelho de Redondo, no Alentejo. Por alguns anos, além de vinhedos, a propriedade desenvolvia outras atividades agrícolas, como a cultura de cereais e a >>

pecuária e, no final dos anos 1980, concentrou-se apenas na vitivinicultura (a produção de vinho com marca própria ocorreu em 1989). Na década de 1990 e início dos anos 2000, a vinícola realizou investimentos em modernizações e expansão e, hoje, possui cerca de 200 hectares de vinhas próprias, destacando-se entre as maiores empresas privadas do Alentejo.

AD 92 | **Tinto da Talha Grande Escolha 2014**

TINTO ALENTEJO $$$

Vivo, fresco e estruturado, tem ótima textura de taninos, acidez refrescante e final suculento e agradável, com toques terrosos, especiados e florais, que convidam a uma segunda taça.

AD 90 | **Tinto da Talha 2017**

TINTO ALENTEJO $$

Gostoso e cativante em seu modo direto de mostrar fruta, num vinho de refrescante acidez, taninos de grãos finos e final suculento e agradável, cheio de ameixas e de notas terrosas.

SOALHEIRO

Região:
Minho
Enólogo:
António Luís Cerdeira
Site: www.soalheiro.com
Enoturismo:
Importadora: Mistral

Soalheiro tem uma forte identificação com a casta Alvarinho. Em 1974, João António Cerdeira e seu pai António Esteves Ferreira plantaram o primeiro vinhedo da variedade, que resultou na criação, em 1982, da primeira marca de Alvarinho em Melgaço. Perto de completar sua quarta década, Soalheiro hoje é administrada pelo enólogo António Luís Cerdeira (filho e neto dos fundadores) e sua irmã Maria João Cerdeira.

AD 93

Quinta de Soalheiro Reserva Alvarinho 2017

BRANCO MINHO **$$$$**

Muito bem feito nesse estilo de maior madurez de fruta, com acidez pulsante e textura firme e cremosa, que equilbram o conjunto. As notas florais, de especiarias doces, de mel e de frutos secos aportam complexidade. Está bom agora, mas tem tudo para ficar ainda melhor nos próximos 5 anos.

AD 93

Soalheiro Granit Mineral Selection Alvarinho 2018

BRANCO MINHO **$$$**

Vibrante e tenso, mostra pêssegos e frutas brancas maduras acompanhadas de notas florais, de ervas e de frutos secos. Chama atenção pela acidez pulsante, pela textura firme e cremosa, que equibram todo seu lado frutado e exuberante. Tem final longo e persistente, com toques salinos e de amêndoas.

AD 92

Oppaco Vinhão e Alvarinho 2014

TINTO MINHO **$$$$**

Delicioso em sua rusticidade, tem acidez pulsante e taninos firmes e de grãos finos, que trazem tensão ao conjunto. As notas de couro, de ervas frescas, de especiarias e de terra aportam complexidade. >>

AD 92

Soalheiro Alvarinho 2018

BRANCO MINHO **$$$**

Sempre consistente e entre os melhores brancos da região, esse Alvarinho é um clássico. Apresenta frutas brancas e de caroço maduras acompanhadas de notas florais e de ervas frescas, tanto no nariz quanto na boca, tudo equilibrado por gostosa acidez e textura cremosa. Tem final persistente, com toques salinos, de mel e de flor de jasmim.

AD 92

Soalheiro Rosé Alvarinho & Pinot Noir 2018

ROSÉ MINHO **$$$**

Delicioso corte de Alvarinho (70%) e Pinot Noir (30%) de um produtor especializado na primeira. A cor lembra a de um rosé da Provence. Os aromas, delicados, revelam, além da esperada fruta vermelha (morangos/framboesas), a nota mineral característica da Alvarinho. A ótima acidez, que garante o frescor, é compensada apenas o suficiente para que fique macio em boca pelo final quase off dry. Leve, mas muito equilibrado.

AD 91

Allo Alvarinho Loureiro 2018

BRANCO MINHO **$$$**

Tenso e vibrante, mostra frutas brancas e cítricas envoltas por notas florais e herbáceas. De médio corpo e gostoso de beber, tem acidez refrescante, textura firme e cremosa e final com toques salinos e de limão siciliano.

SUSANA ESTEBAN

Região:
Alentejo
Enóloga:
Susana Esteban
Site: www.susanaesteban.com
Enoturismo: 🍷
Importadora: Adega Alentejana

Nascida em Tui, na Galícia, Susana Esteban iniciou sua carreira como enóloga em 1999. Trabalhou nas Quintas do Côtto e do Crasto, ambas no Douro e, desde 2007, tem atuado como consultora em diversas vinícolas do Alentejo. Percebendo o potencial da região, em 2011 nasceu seu projeto pessoal, em vila de Mora (distrito de Évora), adquirindo duas vinhas distintas após dois anos de muita procura (curiosamente este é o termo que dá nome ao vinho). Nesse mesmo ano, estabeleceu uma parceria com a enóloga Sandra Tavares (também assina os vinhos da Quinta de Chocapalha e da Wine & Soul), originando dois rótulos, o Crochet, produzido no Douro, e desde 2014 o Tricot, no Alentejo, ambos tintos. Outra iniciativa de Susana é a realização da marca Sidecar, onde convida um amigo enólogo, com intuito de partilhar conhecimento, para juntos criarem um vinho (Dirk Niepoort, o casal Filipa Pato e William Wouters e Eulogio Pomares são alguns dos nomes que já participaram desse projeto).

AD 93

Procura Tinto 2013

TINTO | ALENTEJO | **$$$$**

Potente e estruturado, mas também muito fluido, tenso e refinado, com acidez refrescante e taninos firmes e de grãos finos, que equilibram toda sua fruta negra. Tem final cheio e persistente, com toques de tabaco, de cassis e de alcaçuz. Ainda está muito jovem e tem tudo para ficar ainda melhor no decorrer dos próximos 10 anos. »

AD 91 | **Aventura Tinto 2016**

TINTO ALENTEJO **$$$**

Mostra frutas negras maduras acompanhadas de notas florais, de ervas e de especiarias doces, tudo bem equilibrado por taninos firmes e refrescante acidez. Tem final persistente e cheio, com toques terrosos e de ameixas.

SYMINGTON FAMILY ESTATES

Regiões:
Douro e Alentejo
Enólogo:
Charles Symington
Site: www.symington.com
Enoturismo:
Importadora: Mistral

A história do grupo Symington se inicia com o escocês Andrew James Symington, quando, em 1882, desembarcou na cidade do Porto e assumiu um emprego oferecido pela Graham's, uma das maiores referências do comércio de têxteis na época (também havia passado a atuar, em 1820, no negócio do vinho do Porto depois de receber 27 tonéis de vinho como pagamento de uma dívida). Em 1891, já fora da Graham's, Andrew se casou com Beatriz Leitão de Carvalhosa Atkinson, pertencente a uma família com diversas relações no mercado de Vinho do Porto, e, com a ajuda do sogro, seguiu no negócio que acabaria por transformar em um "império". Atualmente, administrada pela quarta e quinta gerações da família, Symington Family Estates possui quatro das grandes casas históricas de Vinho do Porto (Graham's, Cockburn's, Dow's e Warre's) e integra em sua produção um importante número de vinhos do Douro (Quinta do Vesúvio, Quinta do Ataíde, Altano, Prats & Symington - uma parceria com Bruno Prats, ex-dono do Château Cos d'Estournel) e do Alentejo (Quinta da Fonte Souto).

AD 93

Quinta da Fonte Souto Vinha do Souto 2017

TINTO | ALENTEJO | $$$$$

Mostra cativantes notas florais, herbáceas e de especiarias doces escoltando sua fruta negra e vermelha de perfil mais fresco. No palato, chama atenção pela vibrante acidez e pelos taninos de grãos finos e de ótima textura, que aportam equilíbrio e profundidade ao conjunto. Aqui a zona fresca e de altura da Serra de São Mamede, onde está plantado o vinhedo, faz toda a diferença e diz a que veio. Ainda está jovem e tem tudo para ficar ainda melhor nos próximos 10 anos.

AD 92

Altano Reserva Branco 2016

BRANCO | DOURO | $$$

Branco com madeira inserida de maneira muito sutil e, por isso, mantém um belo frescor e o damasco como protagonista. Uma parte (entre 15 e 20%) é fermentada e envelhecida em carvalho francês, enquanto mais de 50% só passa por aço inoxidável. Um corte de castas típicas Viosinho, Arinto e Gouveio com apenas 13% de álcool. Deixado na taça a madeira se integra e sua elegância se manifesta ainda mais. Por isso vale decantá-lo.

AD 92

Altano Reserva Tinto 2014

TINTO | DOURO | $$$

Ainda jovem, chama atenção pela vibrante acidez e pelos taninos firmes e de grãos finos, que trazem equilíbrio a toda sua fruta negra lembrando cassis e amoras. A madeira tem papel importante, mas em nenhum momento se sobrepõe ao vinho. Tem final carnudo e persistente, com toques tostados, terrosos e de tabaco.

AD 92

Quinta da Fonte Souto Branco 2017

BRANCO | ALENTEJO | $$$$

Mostra frutas brancas e de caroço maduras escoltadas por notas florais, e ervas e de especiarias doces, que se confirmam no palato. »

Estruturado e suculento, tem ótima acidez, textura cremosa e final cheio, com toques amanteigados e de cítricos compotados.

AD 91

Quinta da Fonte Souto Tinto 2017

TINTO | ALENTEJO | **$$$$**

Mostra notas florais, de ervas e de especiarias doces envolvendo toda sua fruta negra lembrando cassis e amoras. No palato, chama atenção pelo frescor e pela textura firme de taninos, que aportam tensão e vivacidade ao vinho. Tem final cheio e longo, com toques terrosos, de tabaco e de ervas secas.

AD 90

Altano Branco 2018

BRANCO | DOURO | **$$$**

Maracujá e capim, que se confirmam em boca. Um suco de frutas com final de boca refrescante de ervas. Ótimo como se ampara no tripé completo da fruta, acidez e estrutura. O final de boca é longo e marcante.

AD 90

Altano Tinto 2017

TINTO | DOURO | **$$$**

Mostra perfil de frutas negras mais maduras, lembrando ameixas e amoras, tudo bem equilibrado por refrescante acidez e taninos de ótima textura. Agradável de beber e fácil de agradar, tem final cheio e persistente, com toques terrosos, florais e de ervas secas.

AD 90

Quinta da Fonte Souto Florão Branco 2018

BRANCO | ALENTEJO | **$$$**

Tenso e vibrante, impressiona pela acidez refrescante e pela textura firme, que aporta equilíbrio a toda sua fruta branca e de caroço madura. Tem final agradável e persistente, com toques salinos e cítricos, que pedem uma segunda taça.

AD 89

Quinta da Fonte Souto Florão Tinto 2017

TINTO ALENTEJO $$$

Aqui as frutas maduras, quase em compota prevalecem por todos os lados, com sua acidez refrescante e os taninos firmes e granulados aportando certo equilíbrio ao conjunto.

TAPADA DO CHAVES

Região:
Alentejo
Enólogo:
Pedro Baptista
Site: www.tapadadochaves.pt
Enoturismo: 🍷
Importadora: Adega Alentejana

Situada em Portalegre, a história da Tapada do Chaves remonta ao início do século XX. A propriedade de 60 hectares, dos quais 32 são de vinhas, preserva duas das mais velhas parcelas de vinhedo do Alentejo, em produção e com registros que datam de 1901, vinha velha tinta, e 1903, vinha velha branca. Em 2017, a vinícola foi comprada pela Fundação Eugénio de Almeida, proprietária da Adega Cartuxa, e seu enólogo é o renomado Pedro Baptista.

AD 93

Tapada do Chaves Branco 2017

BRANCO ALENTEJO $$$

Vertical e cativante, mostra frutas brancas e de caroço maduras acompanhadas de notas florais e de ervas frescas, que se confirmam na boca. Tem acidez vibrante, textura firme e cremosa e final persistente e suculento, com toques salinos e de erva doce.

>>

AD 93

Tapada do Chaves Reserva Tinto 2013

TINTO | ALENTEJO | **$$$**

Clássico alentejano composto de Aragonez, Trincadeira e Alicante Bouschet, com estágio de 12 meses em barricas de carvalho francês e português e mais 24 meses em garrafa. Ainda jovem, mostra aromas de ameixas e de cassis acompanhados de notas florais, tostadas e de especiarias doces, que se confirmam no palato. Denso, estruturado e potente, tem taninos de ótima textura e acidez refrescante, que trazem equilíbrio e tensão ao conjunto. Tem final longo e cheio, com toques de grafite e de amoras.

TAYLOR'S

Região:
Douro
Enólogo:
David Guimaraens
Site: www.taylor.pt
Enoturismo:
Importadora: Qualimpor

Fundada em 1692 pelo comerciante de lãs inglês Job Bearsley, a Taylor's só ganhou sua identidade atual com a entrada na sociedade de Joseph Taylor, John Fladgate e Morgan Yeatman, no início do século XIX. Desde então, mantém-se como empresa familiar dedicada exclusivamente à produção de Vinho do Porto, hoje quase uma raridade no setor, já que a maioria das firmas optou por também produzir vinhos Douro DOC, ou seja, não-fortificados. Hoje, ela integra o The Fladgate Partnership, que abriga ainda a Fonseca, cujo controle foi adquirido em 1949, a Croft, incorporada em 2001, e a Krohn, integrada no grupo em 2013, as três marcas igualmente tradicionais e respeitadas de Vinho do Porto. Ao longo desses mais de 300 anos de vida, a Taylor's foi responsável por pelo menos duas importantes inovações no aparentemente conservador universo do Vinho do Porto: o lançamento do "Chip Dry", primeiro Porto branco seco; e a introdução do estilo LBV (Late Bottled Vintage), hoje um dos mais populares do mercado.

AD 94

Taylor's 40 Years Old Tawny Port

FORTIFICADO DOURO **$$$$$**

Mostra notas pronunciadas de frutos secos e de figos, além de toques de toques medicinais e herbáceos muito agradáveis. Tem acidez vibrante, é muito equilibrado, cheio de volume, chamando atenção pela textura, precisão e elegância, com um final sedutor lembrando melado, frutas cítricas e amêndoas.

AD 93

Taylor's 30 Years Old Tawny Port

FORTIFICADO DOURO **$$$$$**

Tenso e fresco, misto de cerejas e frutos secos, mostra acidez pulsante e textura firme, que equilibra toda sua doçura. Complexo, longo e cheio de camadas, tem final com toques de tâmaras, de figos e de alcaçuz.

AD 93

Taylor's 325º Anniversary Port

FORTIFICADO DOURO **$$$$$**

Esta edição limitada é um blend das melhores reservas destinadas à elaboração dos Tawnys 10, 20, 30 e 40 anos da Taylor's. O resultado é um tinto fortificado doce repleto de ameixas e frutas vermelhas em compota seguidas de notas florais, de figos e de especiarias doces. Equilibrado e sedutor, tem agradável textura, ótima acidez e final longo e persistente, com toques de cerejas ao licor.

AD 92

Taylor's 20 Years Old Tawny Port

FORTIFICADO DOURO **$$$$$**

Apresenta aromas de frutas secas, lembrando figos. Muito complexo, com notas defumadas e algo de esmalte. No palato, esbanja acidez, muito frescor, bom corpo e persistência, chamando a atenção pelo equilíbrio do conjunto. Redondo, suculento e vibrante. Ao final, tem uma nota agradável de frutas cítricas em compota. »

AD 91

Taylor's 10 Years Old Tawny Port

FORTIFICADO DOURO **$$$$**

Blend de vinhos de idade média de 10 anos. Apresenta aromas agradáveis de cerejas seguidos de notas florais, especiadas e de frutos secos. Gostoso de beber, mostra bom equilíbrio entre acidez e doçura, com final cheio e persistente, que pede mais um gole.

AD 91

Taylor's Late Bottled Vintage Port 2012

FORTIFICADO DOURO **$$$$**

Fluido e gostoso de beber, tem ótima acidez e taninos firmes, que aportam sustentação a toda sua fruta madura e ao dulçor. Cheio, tem final cativante, com toques de cerejas e de cacau.

AD 90

Taylor's Chip Dry Extra Dry White Port

FORTIFICADO DOURO **$$$**

Mostra profusão de frutos secos escoltados por notas florais, de ervas e de especiarias doces. Tem gostosa acidez e textura firme, que trazem equilíbrio ao conjunto. Para beber sozinho resfriado como aperitivo ou para elaborar um refinado e refrescante portônica.

AD 88 **Taylor's Fine Ruby Port**
FORTIFICADO | DOURO | **$$$**

TIAGO CABAÇO WINERY

Região:
Alentejo
Enóloga:
Susana Esteban
Site: www.tiagocabacowinery.com
Enoturismo: 🍷
Importadora: Adega Alentejana

Nascido em Estremoz, Tiago Cabaço fundou, em 2004, a empresa de mesmo nome na sub-região de Borba (Alentejo). A propriedade apresenta uma ampla gama de vinhos, como a linha ".com", os monovarietais, um espumante, os "Vinhas Velhas" (provenientes de vinhedos de mais de 30 anos) e os topos de gama "Blog". A responsável técnica é a enóloga Susana Esteban.

AD 92

Blog Tinto 2016

TINTO | ALENTEJO | **$$$$**

Muito bem feito nesse estilo concentrado, opulento e de perfil mais maduro. Os taninos firmes e de grãos finos trazem tensão e projeção ao vinho, tornando-o fluido e não enjoativo. Tem final cheio e persistente, com toques de alcaçuz e de violetas.

AD 90

Tiago Cabaço Vinhas Velhas Tinto 2016

TINTO | ALENTEJO | **$$$**

Esbanja frutas negras maduras e em compota, bem equilibradas por taninos firmes e boa acidez, que trazem sustentação a toda essa opulência e volume de boca. Tem final carnudo, com toques de ameixas e de chocolate.

AD 88

.COM Premium Tinto 2018
TINTO | ALENTEJO | **$$**

VAL DA UCHA

Regiões: **Alentejo, Dão, Douro e Minho**
Enólogos: **Virgílio Loureiro, Manuel Malfeito Ferreira e José Manuel Piteira (Encostas de Alqueva - Alentejo), Miguel Oliveira (Adega de Silgueiros - Dão), António Magalhães Ribeiro (CARM - Douro) e José Antas Oliveira (Adega Ponte da Barca - Vinhos Verdes)**
Site: -
Enoturismo: -
Importadora: World Wine

Projeto de marca própria da importadora World Wine lançado em 2019 com a seleção de grandes produtores das principais regiões de Portugal (Vinhos Verdes, Dão, Douro e Alentejo). O nome Val da Ucha vem da parte histórica de Portugal que era constituída por diversos reinos, e cada monarquia tinha o vinho que representava a região. Esses vinhos, considerados como uma parte da terra de cada reino, eram armazenados em suas Uchas, adegas particulares de cada Rei, para saciar a sede, além de brindar suas glórias.

AD 90

Val da Ucha Dão Tinto 2015

TINTO DÃO **$$**

Este DOC Dão, corte de Touriga Nacional, Tinta Roriz, Alfrocheiro e Jean mostra frutas frescas e flores no nariz. Em boca, ameixa deliciosa com taninos finos e presentes . Um falso simples. Suculento, fresco e equilibrado. Mostra a elegância com estrutura para evolução que encontramos em vinhos bem mais caros desta região. Uma pechincha.

AD 89

Val da Ucha Alentejo Tinto 2018

TINTO ALENTEJO $$

Cheio de frutas negras e vermelhas maduras escoltas por notas florais, especiadas e de ervas frescas, que se confirmam na boca. De corpo médio e gostoso de beber, tem taninos aveludados, acidez na medida e final também médio, com toques de ameixas.

AD 89

Val da Ucha Dão Branco 2018

TINTO DÃO $$

Este corte de Encruzado e Malvasia Fina tem o nariz com exuberante flor de laranjeira. Em boca, tem volume, acidez vibrante e dulçor de fruta. Esse perfil com boa estrutura o torna um grande par para arroz com frutos do mar.

AD 88

Val da Ucha Vinho Verde Branco 2018

BRANCO | MINHO | $$

VALDOURO

Região:
Douro
Enólogo:
David Guimaraens
Site: -
Enoturismo: -
Importadora: La Pastina

Porto Valdouro é resultado de uma parceria entre o grupo Les Grands Chais de France (LGCF), um dos principais produtores de vinhos e bebidas alcoólicas da França, e a conceituada vinícola Wiese & Krohn. O enólogo responsável é o experiente David Guimaraens, atual diretor técnico da empresa The Fladgate Partnership (instituição que possui em seu portfólio, além de Krohn, as vinícolas Taylor's, Fonseca e Croft).

AD 91

Valdouro 10 Years Old Port

FORTIFICADO DOURO $$$$

Cheio de frutas secas e em compota, bem equilibradas por acidez refrescante, taninos firmes e final suculento e agradável, com toques de tâmaras e de figos secos.

VILA NOVA

Região:
Minho
Enólogo:
António Sousa
Site: www.casadevilanova.com
Enoturismo: 🍷
Importadora: Cantu

Casa de Vila Nova, situada em Penafiel, pertence à família Lencastre desde o século XII. Inicialmente, com Luís Lencastre, a atividade como produtora de vinho verde data dos anos 1970. Seu portfólio abarca vinhos produzidos com castas nacionais e internacionais, como os varietais de Alvarinho, Avesso, Loureiro, Chardonnay e Sauvignon Blanc, além do Vila Nova Vinho Verde (um corte elaborado com as três primeiras uvas) e o Vila Nova Vinho Verde Reserva, exclusivamente a partir da variedade Avesso. Instituída em 1993, a empresa atualmente é administrada pelos irmãos Bernardo, Luísa, Sofia e Filipe.

AD 90

Vila Nova Loureiro 2018

BRANCO | MINHO | $$

Mostra notas florais e de ervas frescas envolvendo toda sua fruta branca e de caroço. De médio corpo, tem acidez pulsante, textura cremosa e final com toques salinos e de limão tahiti, que convidam a uma segunda taça. Grata surpresa.

AD 89

Vila Nova Vinho Verde 2018

BRANCO | MINHO | $$

Fresco, agradável e gostoso de beber, mostra frutas cítricas seguidas de notas de ervas e de flores, tudo sustentado por vibrante acidez e final com toques cítricos e salinos.

WIESE & KROHN

Região:
Douro
Enólogo:
David Guimaraens
Site: www.krohn.pt
Enoturismo: -
Importadora: World Wine

A Wiese & Krohn começou como uma pequena empresa, fundada em 1865 pelos noruegueses Theodor Wiese e Dankert Krohn, cuja atividade baseava-se na exportação de Vinho do Porto para os mercados escandinavos e para a Alemanha. A vinícola foi administrada pela família Falcão Carneiro de 1933 até 2013, quando foi comprada pelo grupo The Fladgate Partnership, uma das mais prestigiadas empresas produtoras de Vinho do Porto.

AD 96

Krohn Porto Vintage 1965

FORTIFICADO | DOURO | **$$$$$**

Mosta aromas frutados lembrando cerejas e licor de ginja. A boca, é cheia de frescor, intensidade, textura, tudo num contexto de elegância e finesse. Mostra porque faz tanto sentido guardar os Vintage por décadas. Sem dúvida, um grande vinho quando jovem, mas que com mais de 50 anos adquiriu uma dimensão e um equilíbrio notáveis.

AD 94

Krohn Porto Colheita 2007

FORTIFICADO DOURO $$$$

Complexo tanto no nariz quanto na boca, mostra notas florais, de cânfora, de ervas e de especiarias doces envolvendo toda sua fruta, lembrando cerejas em calda. Tem taninos firmes e aveludados e acidez refrescante, que trazem equilíbrio ao conjunto e convidam a uma segunda taça. Um típico ano vintage, mostrando toda sua exuberância nesse Colheita.

AD 94

Krohn Porto Colheita 1996

FORTIFICADO DOURO $$$$$

Mostra notas cítricas e de ervas envolvendo toda sua fruta vermelha madura e em calda. O ano mais frio é percebido no perfil de acidez vibrante e de taninos tensos. Tem final agradável e muito profundo, com toques florais, de melado de cana, de figos secos e de avelãs. Fluído e cativante.

AD 93

Krohn Late Bottled Vintage Port 2012

FORTIFICADO DOURO $$

Denso e estruturado, mostra cassis e ameixas acompanhadas de notas florais e de especiarias doces, tudo bem equilibrado por acidez refrescante e taninos firmes. Tem final carnudo, cheio de notas de violetas e de alcaçuz.

>>

AD 92 | **Krohn 10 Years Old Tawny Port**

FORTIFICADO DOURO $$$$

Exuberante e denso para os padrões de um 10 anos, esbanja frutas secas e em compota, bem sustentadas por taninos de grãos finos, acidez refrescante e final suculento e persistente, com toques florais, de especiarias doces e de caramelo.

WINE & SOUL

Região:
Douro
Enólogos: **Sandra Tavares da Silva e Jorge Serôdio Borges**
Site: **www.wineandsoul.com**
Enoturismo: 🍷
Importadora: Adega Alentejana

Wine & Soul é um projeto criado em 2001 pelo casal de enólogos Jorge Serôdio Borges e Sandra Tavares da Silva. Situado no vale do Pinhão, no Douro, o primeiro vinho produzido foi o Pintas, cuja composição provém de vinhas velhas com mais de 30 castas (field blend) e com mais de 80 anos. A gama de vinhos ainda inclui o irmão mais novo Pintas Character, o Guru (vinho branco produzido através de um vinhedo com mais de 50 anos), os vinhos do Porto (nas versões Vintage, Tawny 10 anos e uma edição especial de um Tawny chamada de "5G") e, a partir de 2009, a linha Manoella, com uvas cultivadas na propriedade Quinta da Manoella, a qual também possui vinhas velhas, algumas com mais de cem anos.

AD 93

Pintas Character Tinto 2016

TINTO | DOURO | $$$$

Aroma aberto e sofisticado de frutas negras secas, chocolate amargo e madeira bem trabalhada. No paladar, tem muita estrutura e concentração com taninos finos e precisos gerando textura vibrante. Fruta e carvalho de qualidade bem integradas trazem classe e mostram boa expressão de terroir. Um grande vinho que alia elegância e porte com final muito longo.

AD 92

Manoella Branco 2018

BRANCO | DOURO | $$$

Austero e vertical, mostra frutas brancas e de caroço de perfil mais fresco envoltas por notas florais, de ervas e de frutos secos. Impressiona pela vibrante acidez, pela textura firme e cremosa e pelo final austero e refinado, com toques salinos e de limão tahiti.

AD 91

Manoella Tinto 2017

TINTO | DOURO | $$$

Corte de Touriga Nacional, Touriga Franca, Tinta Roriz e Tinta Francisca. O nariz é convidativo, com fruta suculenta. Em boca, confirma o dulçor da cereja madura, com boa acidez e taninos estruturados.